高校产教融合及路径探究

杜 芳 ◎ 著

吉林出版集团股份有限公司

图书在版编目（CIP）数据

高校产教融合及路径探究 / 杜芳著. — 长春：吉林出版集团股份有限公司，2024.6
ISBN 978-7-5731-5097-4

Ⅰ．①高… Ⅱ．①杜… Ⅲ．①高等学校－产学合作－研究－中国 Ⅳ．①G649.21

中国国家版本馆 CIP 数据核字 (2024) 第 110317 号

高校产教融合及路径探究

GAOXIAO CHANJIAO RONGHE JI LUJING TANJIU

著　　者	杜　芳
责任编辑	曲珊珊
封面设计	林　吉
开　　本	787mm×1092mm　1/16
字　　数	180 千
印　　张	13
版　　次	2024 年 6 月第 1 版
印　　次	2024 年 6 月第 1 次印刷

出版发行　吉林出版集团股份有限公司

电　　话　总编办：010-63109269
　　　　　发行部：010-63109269

印　　刷　廊坊市广阳区九洲印刷厂

ISBN 978-7-5731-5097-4　　　　　　　　　　　定价：78.00 元

版权所有　侵权必究

前　言

随着全球经济的飞速发展，产业升级和结构调整已成为推动社会进步的重要动力。高校作为培养高素质人才和创新成果的重要基地，与企业、行业的深度融合，即产教融合，已成为提升教育质量、推动创新发展的重要途径。产教融合旨在打破传统教育与产业之间的壁垒，实现教育资源与产业资源的优化配置，为经济社会发展提供有力的人才保障和智力支持。然而，高校产教融合在实践中仍面临诸多挑战。一方面，高校与企业之间的合作机制尚不完善，双方在资源共享、人才培养、科技创新等方面的合作深度与广度有待提升；另一方面，部分高校对产业发展趋势和市场需求的敏感度不高，导致教育内容与产业需求脱节，影响了人才培养的质量和效果。因此，深入探究高校产教融合的实现路径，对于推动高等教育内涵式发展、提升人才培养质量、促进产业创新升级具有重要意义。

本书从高校产教融合的概念、现状、挑战及路径等方面进行全面分析，旨在为高校与产业的深度融合提供理论支持和实践指导。本书内容从产教融合概述入手，介绍了高校产教融合的发展现状，接着详细分析了高校产教融合的内容和运行、高校人才培养的产教融合模式以及高校产教融合的实践路径，并深入探讨了高校产教融合的专业群的建设、高校产教融合专业群的运行原则和机制以及产教融合对高校转型的助推路径等内容。

在本书撰写过程中，作者参考、吸收了国内外学者的研究成果，在此谨向有关专家学者表示诚挚的谢意。由于作者水平有限，书中难免存在不足，期盼广大读者批评指正，以便逐步完善。

杜　芳

2024 年 2 月

目 录

第一章 产教融合概述 ... 1
- 第一节 产教融合的概念和特征 ... 1
- 第二节 产教融合的相关理论 ... 10
- 第三节 产教融合的功能与作用 ... 21

第二章 高校产教融合的发展现状 ... 30
- 第一节 我国高校产教融合的发展现状 ... 30
- 第二节 我国高校产教融合中存在的问题 ... 48
- 第三节 产教融合发展路径的必要性分析 ... 61

第三章 高校产教融合的内容和运行 ... 66
- 第一节 高校产教融合的内容 ... 66
- 第二节 高校产教融合的常规运行与管理举措 ... 77

第四章 高校人才培养的产教融合模式 ... 84
- 第一节 现代产业学院人才培养的产教融合模式 ... 84
- 第二节 大学生创业园人才培养的产教融合模式 ... 95
- 第三节 工作室人才培养的产教融合模式 ... 102

第五章 高校产教融合的实践路径 ... 110
- 第一节 经费方面 ... 110
- 第二节 学科专业方面 ... 113
- 第三节 师资方面 ... 120
- 第四节 实训设施 ... 123

第六章 高校产教融合的专业群建设 126
第一节 产教融合专业群的内涵、类型及特征 126
第二节 高校产教融合专业群的架构 135
第三节 建设产教融合专业群的理论依据 152
第四节 产教融合专业群的理论价值和实践意义 160

第七章 高校产教融合专业群的运行原则和机制 166
第一节 高校产教融合专业群的运行原则 166
第二节 高校产教融合专业群的运行机制 173

第八章 产教融合对高校转型的助推路径 179
第一节 高校产教融合法规支持系统建立 179
第二节 高校产教融合财税支持系统建立 185
第三节 高校产教融合组织支持系统建立 190
第四节 高校产教融合综合评价支持系统建立 196

参考文献 201

第一章　产教融合概述

随着社会经济发展方式转变与产业结构的深度转型和升级，产教深度融合成为我国职业教育改革的重要抓手、现代职业教育体系建设的实践指向和职业教育发展的必然选择。国务院《关于加快发展现代职业教育的决定》（2014年）明确提出："加快现代职业教育体系建设，深化产教融合、校企合作，培养数以亿计的高素质劳动者和技术技能人才"。产教融合是广泛借鉴和吸收发达国家职业教育的人才培养经验并结合中国实际提出的、加快现代职业教育发展的重要指导思想。

第一节　产教融合的概念和特征

一、产教融合的含义

产教融合的两层意义。产教融合是一个广义的概念。"融合"意为"几种不同的事物合为一体"。"融合（和）"比"结合""合作"立意更高，更强调"产"和"教"彼此之间的联系、互动、和谐。这里我们需要首先弄清"产教"的含义。"产教"有两层含义。第一层含义是指产业（行业、企业）与教育（主要是学校教育）。产业在《现代汉语词典》里的解释为"构成国民经济的行业或部门"。从经济学角度解释，产业是指存在并发展于社会、经济、管理活动中的人才、技术、资金、物资、信息等要素及这些要素连接而成的社会生产的基本组织结构体系。产业从属于经济，企业是产业的外在表现形式或构成单元。产业结构是国民经济结构中各产业之间的比例关系和结合状况，是国民经济结构的主体和基础。随着经济和社会的发展，产业的内涵和外延不断丰富，其英文对应词industry也有"工业、企业、制造业、行业"等多种解释。由于职业教育具有教育与经济的双重属性，职业教育资源具有生产性资源的特征，产教之间的关系也通常用经济结构与教育或专业结构的关系原理来解释。从这层意义上讲，产教融合涉及职业教育的办学思想和体制构建问题。第二层含义是指"产教"可理解为"生产与教学"，其中，"生产"（含服务和经营）是职业教育教学的重要形态，侧重教学的实践情境；"教学"则侧重知识内容和技能、方法的学习。从这个层面上讲，产教融合侧重职业教育的教学模式和方法问题。职业教育的专业设置必须契合产业要求，课程内容必须对接职业标准，教学过程必须贴近生产过程，人才规格必须达到企业标准。

二、产教融合的概念界定

基于以上对"产教"与"融合"的分析，我们试图对产教融合的内涵进行界定。笼统来讲，产教融合是产业系统与教育系统相互融合而形成的有机整体。具体来讲，产教融合是教育部门（主要是院校）与产业部门（行业、企业）在社会范围内，充分依托各自的资源和优势，以互信和合约为基础，以服务经济转型和满足需求为出发点，以协同育人为核心，以合作共赢为动力，以校企合作为主线，以项目合作、技术转移以及共同开发为载体，以文化共融为支撑的产业、教育内部及之间各要素的优化组合和高度融合，各参与主体相互配合的一种经济教育活动方式。

三、产教融合的基本特征

从以上产教融合概念的界定可以看出,职业教育产教融合具有以下六个基本特征。

(一)产教融合的"双主体"特征

产教融合是产业和院校"双主体"的相互作用与联系。企业是产品生产、技术开发和成果应用的主体,高校是人才培养的主体,两者缺一不可,共同参与高素质劳动者和技术技能型人才培养。院校要发挥主动性,积极融入产业、结合行业、联系企业。本书所持的这种观点与一般只承认企业是产学合作主体的看法截然不同。

(二)产教融合的"跨界性"特征

"工学结合、校企合作"的办学思想和人才培养模式,彰显明确的"跨界"特性。产教融合是生产和教育要素有机组合的形式,它既是教育性的产业活动,又是产业性的教育活动,是教育性与产业性的有机统一,与政府的推动作用和社会的参与密不可分,体现明显的"跨界"特征。

(三)产教融合的"互利性"特征

产教融合的互利性是指产教融合的主体双方具有"双向互动的和谐统一关系",互动是指具有相互联系的双方使彼此发生作用或变化的过程,是为了获得彼此满意的效果与结果。基于满足"产""教"双方需求的互动形成对双方发展的驱动。职业教育通过对区域产业所需技术技能人才的输出形成对区域产业的发展驱动,而区域产业通过对职业教育技术技能人才的需求形成对职业教育的发展驱动,彼此在相互作用、相互影响中互动融合与发展。产教融合的互动性表明，"产"与"教"通过以人才供需关系为纽带的互动实现融合，通过融合实现良性互动。

产教融合能够带来主体共赢效果。对于职业院校而言，将自身融入区域产业的发展环境中，有利于跟进区域产业发展转型、结构调整设置和建设专业，有利于人才培养目标定位，有利于课程开发建设，有利于"双师"队伍建设，有利于实践基地建设，有利于人才培养模式创新，有利于促进毕业生就业和提高就业质量；对于区域产业而言，将自身融入职业教育的发展背景下，有利于建设区域产业发展所需技术技能人才的稳定可靠来源，有利于区域产业的人才需求对接职业院校的人才培养，以获得高素质技术技能人才，有利于提前吸纳毕业生接受企业文化熏陶，有利于与职业院校合作开展技术研发和享受技术支持服务，有利于企业员工的培训与继续教育，有利于促进企业生产效率与经济效益的增长等，即产教融合能够促进职业教育与区域产业互惠双赢。

通过产教融合，高校和企业资源共享，实现自身利益的最大化，这是产教持续合作的动力和根本目标。同时，产教融合也具有明显的"公益性"特征，以提升教育能力和社会利益最大化为目标，需要校企双方承担协同育人的社会责任。

（四）产教融合的"动态性"特征

经济结构包括产业结构、就业结构、技术结构等要素，产业结构优化升级是经济结构战略性调整的重点。教育结构包括类别结构、专业结构、程度或级别结构等，其调整既受经济结构的制约，又反作用于经济结构并促进经济结构不断完善。产业结构调整必然引起就业结构的变化，而就业结构的变化又反过来促进高校的专业结构调整。同时，教育结构（包含专业结构）内部也处于不断变化、改革和调整中。因此，教育结构与产业结构之间的不适应是常态，两者始终处于从不适应到适应再到不适应的动态循环和变化之中，具有"动态性"。

（五）产教融合的"层次性"特征

产教融合的层次性是指产教融合的方式与重点因职业教育的层次不同而不同。虽然高职教育与中职教育同属职业教育，但因生源对象不同，其人才培养目标与规格要求不同，因而实现产教融合的方式与重点便有所不同。中职教育的生源对象是初中毕业生，学生文化程度较低，其培养目标是技能型人才，因而产教融合的重点是培养学生的一线重复性操作岗位的操作技能；而高职教育的生源对象是高中毕业生和中职毕业生，他们的文化程度稍高或具备一定的操作技能，并具有一定的问题导向思维培养潜力，其培养目标是技术技能人才，因而产教融合的重点是培养学生的一线生产技术应用能力及创新能力，尤其是培养学生发现技术问题、分析技术问题和创新解决技术问题的能力。

经济发展和结构调整必须依靠知识和技术创新。知识不再是院校的"专利"，而是被视为企业最重要的战略资源和提高企业竞争力的关键，成为产学合作中的重要因素。产教融合的实质是校企之间知识的流动和增值。教育通过与产业融合提升品质，产业通过与教育融合寻求技术支撑，两者交融，实现知识、技术、人才等要素的合理流动。

（六）产教融合的"知识性"特征

产教融合的职业性是指产教融合针对职业教育而言，指向区域产业基层职业所需技术技能人才的职业能力培养。由于职业教育是"传授某种职业或生产劳动必需的知识、技能的教育"，是"培养人学会生存技能的社会活动"，具有明确的"职业定向性",而产教融合是服从于职业教育人才培养的,因此产教融合具有明显的知识性特征。

一是宏观层面的国家与地区国民经济和社会事业发展战略和规划中有关产业与教育融合的方略设计。二是中观层面的教育部门(院校)与产业部门(行业、企业)基于"需求导向"的办学思想、办学体制、办学行为的相互适应和配合。三是微观层面的院校教育教学过程与企业生产过程的衔接和统一。

四、产教融合的三个要素

产教融合向广度和深度拓展,是增强办学活力、提高人才培养质量的根本途径,是破解矛盾、解决问题和提高院校核心竞争力的必然要求。当前,全国各地都在加速经济转型和产业升级,职业院校之间的竞争也日益激烈。可以说,哪所院校推进产教融合的切入点找得准、体制活、机制畅、模式好、措施实、开放度高,产业要素就会向哪里聚集,学校就能赢得发展先机。同样地,哪个企业提前介入产教合作,它就优先获得高素质劳动者和技术技能人才的选择权,就能提高企业的产品附加值和利润。产教融合的成效取决于教育与产业两者在结合点上合作的广度、深度和力度。

第一,广度,即范围和内容。产教融合涉及教育与产业、学校与企业、专业设置与职业岗位、课程标准与职业标准、学历证书与职业证书、教学过程与生产过程、教学项目与生产项目、学校文化与企业文化、学校管理与企业管理、职业院校教师与企业工程师(经济师、管理师)、教育科研与科技开发、教学与培训、实习实训与就业创业等多种要素的对接和适应。校企双方要结合区域和行业需求,依托优势,找准定位,共定培养方案、共同开发专业、共建课程体系、共组教学团队、共研科技项目、共商教学内容、共建实训基地、共定考核标准、共同管理、共享资源、合作育人。职业院校要发挥积极主动作用，与行业、企业一起全面推动教育随着经济"走"，办学规模按照市场需求"动"，专业结构跟着产业结构"转"，人才培养规格适应社会和企业需求"变"，教、训结合行业、企业项目、案例"做"，校园文化融入企业、产业文化"建"，专业教师按照企业工程师"培"，教学运行参照企业"管"，质量考核比照行业标准"验"，多途径、多形式、全方位落实产教融合政策，推进校企合作，实现工学结合。

第二，深度，可解释为"（工作、认识）触及事物本质的程度""事物向更高阶段发展的程度"之意。产教深度融合、校企深度合作是职业教育发展的方向。从某种程度上讲，一所院校产教融合的"深度"，决定其生存和发展的高度。要解决产教融合的"深度"问题，首先认识要有深度。要树立产业深度转型下职业教育必须面向和融入产业发展才有出路的认识，只有思想认识深刻、深入、深化，才能产生动力、激发活力、挖掘潜力，把产教融合推向更高阶段。其次，合作层次由浅入深。实现产教融合，关键在于校企合作。产教结合、校企合作的涉及面很广，为此，职业院校要结合自身的办学特色和优势，找准企业与学校的利益共同点和联系点，选准突破口，逐步深化，以点带面，逐步提高产教融合层次。从中小企业合作开始，逐步与知名企业靠近，从小项目发展到大项目，进而向其他方面延伸，逐步提升到战略合作层面；从实践实训模式到订单培养、定向培养、社会培训、企业职工再教育，进而发展到全方位合作；从简单的技术转让向合作开发、委托开发、共同建立研发和产业化实体、组建股份制企业等转变；从面向一个企业向面向一个行业转变；合作从最初的院校"一厢情愿"到校企"两情相悦"；合作从被动适应性、随意性、盲目性向积极主动性、规范性、科学性转变。三是拓展融合途径。产教融合包括专业共建、实习基地共建、校中厂、厂中校、教学工厂、订单式培养、委托培养、工学交替、生产性教学等多种校企合作模式。此外，契约合作也是一种新型的产教融合途径，校企之间通过协议、合同方式建立战略合作关系，形成战略联盟。通过契约合作，职业院校可引进企业的设备、技术、标准等并转化为自身可利用的教育资源，企业也可利用院校的人才、科研等要素深化合作。四是建立深度融合长效机制。从办学体制上，逐步建立与现代企业管理制度相适应的现代学校管理制度及内部治理体系，如组建学校、行业、企业、科研机构、社会组织等共同参与的学校理事会、董事会或覆盖全产业链的职业教育集团，这是深化产教融合的制制度保障和改革方向；从运行机制上，形成"人才共育、利益共享、责任共担、过程共管"的紧密、稳定的校企合作机制，是产教融合的根本保证；从可持续发展上，形成行业、企业和职业院校共同推进的人才、技术、技能积累创新机制，是产教融合的内在动力。

第三，力度，即推进产教融合、校企合作落实的强度。产教融合不仅成为当今职业教育发展的共识，更要转化为职业院校的意志、行动和价值追求。产教融合、校企合作的实效要通过人才培养质量和服务区域、行业经济的能力体现出来。值得注意的是，当前职业教育在社会上认同度不高、吸引力不强，除外部环境不完善，也有教育内部的原因。主要表现在：院校普遍认为产教融合重要，但实际办学往往脱离产业需要；大家都认为校企合作必要，但实际合作常常处于短期实习的粗浅层次，重数量轻质量，不少合作流于形式；工学结合被视为职教特色，但在实际教学中又往往重理论轻实践、重校内轻校外；专业是教育与产业联系的纽带、学校发展的核心竞争力,但开设起来过于随意,不问市场,忽视需求,盲目上马;课程是教育改革的抓手,但教学内容往往脱离生产实际,教学标准脱离职业标准;院校对制约产教融合的内部问题认识最清楚,但往往缺乏克难制胜的勇气、破解矛盾的魄力和脚踏实地的作为,这些问题都在一定程度上影响了产教融合的"力度",必须引起学校的高度重视。职业教育要坚持把"产教融合、校企合作"作为推动现代职业教育体系建设、体制机制改革和人才培养模式创新的重要策略。职业院校办学要主动围绕区域经济和产业发展战略,贴近市场需要,体现就业导向,不断优化专业结构,主动调整人才培养方案,创新技术技能人才培养模式,真正把产教融合的思想落实到学校管理和人才培养的各个方面、各个层次和各个环节,提升专业服务区域产业的能力,增强人才培养的社会适应性。行业、企业要在产教融合、校企合作中发挥积极、能动作用,以多种形式参与职业教育人才培养,为校企合作培养人才提供有力的支撑。政府要为校企合作提供良好的外部保障环境,建立投入机制,理顺管理体制,强化行业指导和企业参与,统筹整合区域教育和产业资源,充分发挥其在产教融合中的推动、引导、支持和监控作用。

综上所述,产教融合是我国社会经济发展方式转变和产业结构调整升级对新时期职业教育的必然要求,是构建中国现代职业教育体系的重要内容、加快发展现代职业教育的重要路径。产教融合教育思想对指导我国当前和未来的职业教育教学改革以及促进区域经济的发展必将产生深刻、重要的影响。

第二节 产教融合的相关理论

一、杜威的"从做中学"理论

美国著名教育学者、专家杜威在教学过程中会把教学的过程看作一个"做的过程"。他认为，人们"做"的兴趣和冲动都是以人为主体的。人们对知识经验的来源基本上基于主体与客体经验的总结。正是基于此，他强调学校在教育过程中应该设置成类似于雏形社会的地方，即开设好各类工厂、实验室、农场、厨房等，让学生们能够在学校这个"小型社会"环境之中学习好自己所感兴趣的专业和课程。为此，他还提出了在教学的过程中要安排和编创好实践生产场景的教学方式，即在场景教学之中，激发好学生们的创造性思维，根据资料策略从场景活动中入手，解决好学生们在场景活动中所遇见的问题。这就是杜威提出来的"从做中学"的教学理论。从杜威对整个教学的主张来看，他主张学生们需要在学校里获得生活和工作中的全部知识，这种教学理论对当时社会教育来说具有很好的创新性，缺点是在其开展的过程中有一定的局限性。在对地方工科院校产教融合培养实践型人力资源的研究中，产教的深度融合需要真正把产业与教学对接，强调"做"与"学"结合的重要性，工科型地方类院校在实践型人力资源的培养上要把理论与实际对接，加强实践、加强学生动手能力，杜威的"从做中学"理论贯彻了从做中学、从经验中学，要求以活动性、经验性的主动作业来取代传统书本式教材的统治地位。他的"从做中学"理论贯彻到我国的教育方面，将对我国教育中的管理理念、师生关系、教学方法、教学的评估方式等都具有非常深远的指导意义。

现代美国教育家杜威以"教育即生活""教育即生长""教育即经验的改造"为依据，对知与行的关系进行了论述，并提出了举世闻名的"从做中学"的理论。其理论实质就是要加强对学生实际操作能力的培养，培养学生探究和解决问题的能力，培养学生从事和适应实际工作的能力，这也是我国高等职业教育所需要的一种理论，一种既定的培养目标。杜威从他的哲学观——实用主义哲学观出发，主张"实用"，并把它引入教育，形成了实用主义教育哲学。他主张学生亲历探究过程，建立与真实世界的关系，实现学生从一个被动的观察者到一个积极的实践者的转化，学生通过自己的活动，逐步形成对世界的认识，充分体现学与做的结合。

杜威认为，人类获得解决问题探究能力才是最重要的，而这种能力的培养应该通过科学方法的训练来获得。同时，他认为，教学活动的要素与科学思维的要素应当相同，并由此提出了相应的"思维五步"或"问题五步"教学法，具体包括：其一，学生要有一个真实的经验情境，要有一个对活动本身感兴趣的连续的活动，即要有一个能实现"做"的情境。其二，在这个情境内部产生一个真实的问题，并作为思维的刺激物，即要有一个可"做"的内容。其三，学生要占有知识资料，从事必要的观察以对付这个问题，即要有一个实现"做"的必要支撑。其四，学生必须负责一步一步地展开他所想出的解决问题的方法，即要有一个完整的"做"的过程。其五，要有机会通过运用来检验他的想法，使这些想法意义明确，并且让他自己去发现它们是否有效，即有一个针对"做"的结果的检验。这里的"五步"教学从表面上看完全是一个学生"做"的过程，但在"做"的过程中却是对"学"的积累。高等职业教育旨在培养生产、服务与管理第一线的高素质技能型专门人才，就是在基层岗位和工作现场做实事、干实务、实践性很强的实用型人才，也就是专门面向"一线"的高等技术应用型人才。而这种"一线人才",不是单单依靠学历教育在学校里就能培养出来的,他们必须也只有在生产和工作的实践中获得能力、提高能力。正是基于此,高等职业教育应更注重有效培养学生的职业能力,在教学过程中强调理论与实践相结合,实现学生的"做",从而完成学生的"学",以提高学生适应职业岗位能力的要求,缩短从学校教育到实际工作岗位的距离。

结合杜威的"思维五步",不难看出,"从做中学"理论在高等职业教育教学中的应用,具体体现在师生关系的准确定位以及教学方法的合理运用上。实施"从做中学"初期,常常会出现一个角色误区,认为教师是"做"的准备者,即为学生准备好所有资料和设备,而在学生真正"做"的时候,教师也不过是个旁观者。如果以这样的态度处理"从做中学",其结果便是学生盲目地"做",却谈不上"学"。强调"从做中学",并不是对教师的忽视,无论把课堂搬到实验室还是工厂,无论教学中采取什么方法,都不能缺少的一个人就是教师。只不过此时的教师不再是"一言堂"的主人,而是一个"方向标"。他的作用有三个,具体如下。

第一,为学生营造一个真实的经验情境,并提出一个能引发学生兴趣的问题。

第二,在学生实际"做"的过程中出现错误、疑惑、困难、有所发现、有争论时进行有目的、富于智慧的引导,当学生有操作经验之后进行提炼、总结,等等。否则学生的操作可能是无效或低效的。

第三,给学生创造一个可以检验其"做"的结果的机会。"从做中学"理论的中心是学习者本身,是学习者通过"做"形成"思",最终实现"学",是学生通过自己的努力获取知识与培养能力的过程。在这个过程中,既少不了教师这根指挥棒的引导，更少不了学生自身的操作与思考，学生只有通过实际的动手与动脑，对问题进行分析处理，才能在"做"中体会知识的运用。

随着我国高等职业教育的发展，教学方法越来越注重实践性，强调与社会相结合，与用人单位的需求相结合，突出学生实际动手能力的培养，但无论采取什么样的教学方法，在进行具体运用的时候依旧落点到"教与学"上。

传统观念认为，所谓"教"，就是教师站在讲台前，通过语言、行为，再配合教具、多媒体课件等手段展示教学内容，而"学"就是学生坐在教室里去听、去看、去写。在这种观念中，非得让处于关系上位的教师做出教授、告知的行为才是"教"，否则教师就会被认为偷懒、不负责任。这是过于关注"教"的行为表现，至于教师"教"的行为对学生的"学"是否有实际的效果就不在研究范围内了。而"从做中学"却是对"教"的另一种更为人性化的诠释，"从做中学"绝不意味着让学生"做"就行，而是必须在教师指导下富有意义地"做"与"思"。这其实是把"教"的过程融入实际的情境中，教师在学生"做"的情境中教。要达成"做"以成"思"，"思"建立在平等与对等的关系上，平等的价值高于对等，没有平等就无法谈及对等，平等是对等的前提。

二、陶行知的"教学做合一"理论

我国著名现代教育家、思想家、学者陶行知先生有美国留学的经历，在留学过程中师从杜威、克伯屈等美国最具影响力的教育学家。他在回国之后，便积极地将其在美国所学习到的先进的教育思想与中国当时的国情结合起来进行了教育工作。终于在1926年，陶行知先生开创了自己的生活教育理论，提出三大教育理论，即"生活即是教育""社会即是学校""教学做合一"的教育理论。而"生活即是教育"则是重中之重。在陶行知先生看来，教育如果脱离了生活，那么教育就是死的，没有生活作为中心的学校教育是一种死的教育。他的生活教育理论在当时中国社会中的反传统与反对旧教育中具有非常重要的意义和作用。"教学做合一"理论深刻地批判了旧社会教育中所存在的不足之处，同时给出了相应的具体的解决问题的办法和方式。对于当时的社会来说，这种教学理念的改革和践行具有非常好的作用。同时，他还强调，教学应该同实际的生活方式结合起来，这就需要教师运用好新的教学方式，根据学的方法来进行教学。教与学都应该以"做"为中心，做才能够让学生们获得全面的知识能力。陶行知先生的理论基础，在以市场需求为导向的产教融合培养学生的模式下同样适用。"生活即是教育"用六个字明晰地体现出了知识结构与市场以及社会发展同步的理念。针对当今部分地方工科院校的应届毕业生出现综合素质能力低下、职业意识缺乏、动手能力比较差的现象，解决办法是：在借鉴陶行知先生理论基础之上，使学校所传授的知识能够适应社会经济发展的需求。

"生活即是教育""社会即是学校"和"教学做合一"是陶行知生活教育理论的三个基本命题，研究者对这三个命题的历史流变一直缺乏较为系统的研究。作为生活教育理论的方法论，"教学做合一"在生活教育理论体系中居于重要位置。

"教学做合一"作为一种教学方法，陶行知把它深深根植于具体的环境中，并辅以相适应的课程和相匹配的教材，试图实现方法和内容的有机统一。如在育才学校时期，结合培养特殊才能的人才目标，"教学做合一"方法辅以六种小组，并开设了不同的课程，通过内容和方法的有机结合发挥了"教学做合一"的无限活力。教学方法的改革必须与环境、课程、教材等相配合，否则就割裂了方法和内容的有机统一。我们应充分强调目前学校教学方法改革要与环境、课程、教材等相配合的价值取向。教学方法改革必须密切结合具体环境，配套相应课程、教材等，否则只能是无源之水，在实践中不会发挥长远作用。

三、福斯特的"产学合作"理论

英国著名学者、教育家福斯特的理论在现代产学合作中具有非常重要的价值，他的"产学合作"理念对教育界的发展来说具有很高的战略性。福斯特认为，当前许多职业教育计划难以实现都是因为受训者缺乏必要的基础理论知识与基础技能知识。正是基于此，福斯特认为，产学合作的过程中应该首先从课程职业化设计出发，以理论基础为切入点，最终搭建就业化平台。同时，职业院校中，中级、低级人才的培养应该注重走"产学融合"的道路。正是基于此，学校在开展各种职业培训计划的过程中应该从以下几个方面进行：

第一，要控制好地方工科院校发展的规模，在拓展学生能力的基础上要结合社会经济发展的现实状况。

第二，要改革好地方工科院校的课程内容，多设置一些工读交替的"三明治"课程。

第三，要控制好地方工科院校中生源的比例，有可能的话让在职人员成为地方工科院校生源的主要来源渠道之一。

福斯特"产学合作"的理论对包括中国在内的发展中国家的教育来说具有很好的借鉴作用。

福斯特是当今国际职业教育理论界深具影响力的著名学者，多年来致力于职业教育理论的研究。他早年毕业于伦敦大学经济学院，曾经担任过美国芝加哥大学教育学和社会学教授、比较教育中心主任，澳大利亚麦夸里大学教育学教授兼院长，美国纽约州立大学教育学和社会学教授。福斯特以其《发展规划中的职业学校谬误》一文而闻名于世。此文发表于1965年，其许多关于职教发展的重要思想即包含在此文中。福斯特职教思想的许多观点被众多国家借鉴，成为当今指导各国职教发展政策性文件的重要组成部分。20世纪60年代，正是西方"发展经济学"盛行时期。这一理论提出，发展中国家的经济增长"可以让政府去发挥主要作用"，可采用"集中的、非面向市场的计划模式"。受其影响，当时教育理论界有人提出了"人力资源说"，即主张学校可以根据政府的经济发展计划和"长期性的人力预测"来提供一定数量训练有素的人力储备为经济发展服务。在教育发展战略上，这一学派主张发展中国家通过重点投资学校形态的职业教育和在普通学校课程中渗入职教内容来促进经济发展。"人力资源说"在当时得到了包括联合国教科文组织和世界银行在内的一些国际组织的支持，成为当时发展中国家教育与经济发展的指导理论。这一学派的观点以当时英国经济学家巴洛夫为代表。针对巴洛夫的主流派理论，作为长期致力于发展中国家教育理论研究专家的福斯特，以他多年来的研究成果为依据，写下了《发展规划中的职业学校谬误》这一名作，从教育发展的一些根本问题上系统地阐述了他的职教思想，提出了许多与巴洛夫为首的主流派不同的观点，从而在职教理论界引发了一场长达四分之一世纪的大论战。最后，福斯特由少数派成为当今职业教育界最有影响的主流学派。福斯特的职业教育思想反映在《发展规划中的职业学校谬误》这篇名作以及他以后发表的文章中，我们可以对其主要思想和观点进行以下概括：

（1）职业教育必须以劳动力就业市场的需求为出发点

福斯特认为，受训者在劳动力市场中的就业机会和就业后的发展前景，是职业教育发展的最关键因素。正是基于此，职业技术教育的发展必须以劳动力就业市场的实际需求为出发点。

（2）"技术浪费"应成为职教计划评估中的一项重要内容

福斯特注意到，许多发展中国家的职教毕业生的就业岗位与其所受的专业训练不一致，从而他提出了职教中的"技术浪费"问题。他认为"技术浪费"通常是以下三个方面的原因造成的：一是国家为促进经济发展提前培训某类人才，但现有经济并不能利用和消化这些人才。二是市场需要这些人才，但被安排到与训练不相关的职位，所用非所学。三是市场需要这类人才，但职业前景和职业报酬不理想导致职业教育毕业生选择了与培训无关的职业。对这种"技术浪费"，资源缺乏的发展中国家应足够重视，把它纳入职业教育计划评估，并作为其中的一项重要内容。他还认为尽管"技术浪费"现象在发达国家也存在，但在发展中国家更严重，而由于发展中国家的资源更加有限，所以这种"浪费"更应该加以足够的重视。

（3）职业化的学校课程既不能决定学生的职业志愿也不能解决其失业问题

以巴洛夫为首的主流派认为，通过学校课程的职业化可引导学生的职业志愿，从而避免学生不切实际的就业愿望，减少失业。福斯特认为，学生的职业志愿更多地由个人对经济交换部门的就业机会的看法决定，学校课程本身对这一选择过程并无多大的影响；失业的原因并不单单是学校课程上的缺陷，很大程度上是劳动力市场对受训者缺乏实际需求。

（4）基于简单预测的"人力规划"不能成为职业教育发展的依据

20世纪60年代是"人力规划"最时兴的时期，大规模人力预测成果作为各级各类教育与人才培养的依据，对职业教育的影响尤为突出。福斯特对此持批评态度。首先，他对人力预测的准确性表示怀疑，他认为"经济交换部门的增长率是很难准确估计的"。其次，他对人力规划的后果表示担忧，因为一旦经济增长率不足以吸收和消化人力规划所培养的人才，不仅会造成人力和物力浪费，还会加重社会上的失业状况。应当指出的是，在计划经济下大规模计划是行不通的，但与实际发展密切相关的小规模的培训计划还是应提倡的，福斯特反对的是那种脱离市场的"大规模的"人力规划，他支持那种"与实际发展密切相关的""小规模的"职业教育计划。这也是他所强调的"职业教育发展必须以劳动力就业市场的实际需求为出发点"。

（5）职业学校谬误论

巴洛夫等主张发展中国家用职业学校培养初、中级人才。福斯特从职校体制内部指出"学校形态"职业教育办学方式的局限性和一些自身难以克服的缺陷，具体包括：职校办学成本高；培训设备很难跟上现实要求。发展中国家职业学校学生不甘于放弃升学的希望，把职业教育课程当作升学的奠基石，学生期望与职业教育规划者的期望相悖。学校所设课程往往与就业岗位所需经验格格不入，所学技能往往与现实职业要求不符，职业培训与职业工作情景不相关。不易找到合适的师资等。另外，职校的学制较长，一般要三年左右，不能对劳动力市场做出迅速而灵活的反应。正是由于以上原因，福斯特认为，学校本位的职业教育最终难免遭受失败的命运。正是基于此，就结果而言，职业学校只能是一种"谬误"。

（6）职业教育的重点是非正规的在职培训

"企业本位"的职业培训优于学校本位的职业教育。福斯特认为，发展企业本位的在职培训计划要比发展正规的职校"更加经济""更少浪费"。因为企业比职校更了解培训"产品"的标准和要求，而且企业有提供在职培训的良好条件。

（7）倡导"产学合作"的办学形式

福斯特认为，职校在人才培养上有规模效益，但鉴于职校本身一些难以克服的缺陷，必须对职校进行改造。最重要的措施是走产学合作的道路。如改革课程形式，多设工读交替的"三明治"课程；实践课尽量在企业进行，缩小正规学校职教与实际工作情景之间的距离等。另外，在生源方面，可招收在职人员。总之，职业教育和培训逐渐从学校本位走向产学合作。

（8）职教与普教的关系是互补关系而非替代关系

福斯特指出，成功的职教需要成功的普教作基础。随着社会生产力的提高，生产过程要求人才具有更深厚的文化基础知识。学生具备扎实的文化基础也有助于提高其以后的继续教育能力和职业转换能力。正是基于此，要在扎实的普教基础上开展职业教育。

（9）反对"普通教育职业化"

巴洛夫主张除大力发展职业学校外，还要在普通学校增设职业课程，实现"普通教育职业化"。福斯特认为在发展中国家不应采用这种形式的职业教育。他认为，"普通教育职业化"既达不到普教的目的，也达不到职教的目的。

（10）农村职业教育要点

福斯特非常重视农村职业教育，对此提出以下主要观点：

第一，农村职业教育的对象是农民而非学生。

第二，农村职业教育的主要任务是向农民推广生产知识、新技术。

第三，农村职业教育必须注意农民的求知积极性：农民非常注重实际，只有当他们看到科技带来的实际收益时，才会有学习的意愿，农村职业教育只有与当地发展和农民收益直接相关，才有可能获得成功。

福斯特长期从事职业教育理论研究，并在大量调查研究的基础上提出其职教思想，有着坚实的理论和实践基础。虽然福斯特职教思想主要产生于20世纪60

年代中期，但其中的许多观点今天来看仍然具有强大的生命力。如职业教育必须以劳动力就业市场的需求为出发点、基于简单预测的人力规划不能成为职教发展的依据、要在扎实的普教基础上开展职业教育与培训等，被证明依然符合当前职教发展的实际。特别是福斯特认为，"对职业学校进行改造，走产学结合的办学道路"，更是一种先进的战略定位，因为职业教育不同于研究型的高等教育，它不需要太多的超前理论，而是更多地注重实践知识的传授，技能重于研究，动手操作重于理论思维。所以，注重"产学合作"，加强对职业学校学生动手能力的培养是一个永恒的主题，也是当前世界范围内对职业教育的一个主流认识。福斯特职教理论主要是基于当时非洲几个发展中国家职业教育发展的实践得出的，难免有其局限性。其局限性的核心是几乎全盘否定了"学校形态"的职业教育。福斯特对学校本位的职教持否定态度，显然是不符合我国的现实状况的，这一点已无须怀疑。学校本位的职业教育作为我国教育的一种基本形式，已被职业教育法的形式规定，在现实中，职业学校仍然是我国职业教育中的办学主体。学校形态职业教育有其难以取代的优势，除了有人才培养的规模优势，关键是在培养学生的文化基础、人文素质等方面是其他形式的职教不可比拟的。即使在发达国家，学校形态的职业教育仍是当今职业教育的主流。虽然学校形态的职业教育有其局限性和一些缺陷，但是通过改革办学形式、课程体系、教学方式等手段可以加以弥补。再者，在多元化的社会，不同国家和同一个国家的不同地区，人们对职业教育的需求也是多方面的，应该提倡多元化的职业教育办学形式。

第三节 产教融合的功能与作用

产教融合就是将生产与教育有机结合起来，实现理论知识的传授与实践知识的传授的有机协调与融合，提高实践能力。通过产教融合、校企合作，能够为学生在理论学习之余，提供更多的实践机会，培养学生的实践能力。产教融合将企业、学校、政府、社会组织等结合起来，进行资源整合与优化配置，实现取长补短、优势互补，提高教师素质。产教融合对高校教师提出了新的要求和挑战，高校教师只有不断自我提升才能适应产教融合的教学要求。正是基于此，产教融合对提高教师产教融合的水平大有裨益，助推教学改革。产教融合是高职教育的新形式和新思路，是对高职教育的一种创新。在对产教融合教学模式进行探索与发展的过程中，高校的课程设置、教学内容、评价方式等都面临着调整和变革进而助推高职教育改革的深入。产教融合的根本任务是通过创新教育形式、整合教育教学的资源、提高教育产教融合的水平，达到提高学生岗位技能和实践能力、满足社会的需要的目的。同时，产教融合有利于企业的技术革新和生产水平和效率提升，促进企业的高速和高质量发展。由此可见，产教融合是实现学校和企业共同发展、全面提升的重要手段和有效途径，是高校教育价值、社会价值和经济价值的集中体现。产教融合会促使高校按照企业的需求培养人才，并将理论学习与实践知识的传授和科学研究结合起来，为企业发展提供强有力的人才支持和智力支持，提升我国企业的综合实力，促进社会主义市场经济的高速和高质量发展。

一、有利于专业定位和建设

企业和高校紧密合作，当社会经济发展的路径发生变化时，企业能够第一时间感知到，企业将所需要的人才培养标准及时传达给高校，高校及时做出响应，使专业定位始终跟上时代的步伐。从教育方面看，近一段时期以来，我国职业教育的一大特色是以职业学校为主体培养初入职的技术技能人才，经济领域行业企业相对脱离人才的正规职业准备教育，出现了职业院校对产教融合、校企合作共同育人和研发的需求格外强烈，然而困难也格外多的情景。企业拥有丰富的技术能手，对于行业需要的人才定位比较清楚，能够给专业定位和学科发展把脉。产教融合、校企合作培养技术技能人才是国际职业教育成功国家的共同规律。呼唤和渴求产教融合、校企合作培育技术技能人才在我国有着深刻的教育和经济背景。从经济领域看，我国正在进入工业化中期，努力实现产业升级转型、建立创新驱动的现代产业体系，对复合型和创新型技术技能人才的需求在倒逼行业企业做出变革。谋求发展以摆脱所面临的体制机制困境，保障技术应用和技能人才发展的实践问题，具有重大的研究意义与价值。当前职业教育的体制机制不畅、承担和参与主体缺位、相关制度不匹配、政策措施不协调、发展动力不足等问题成为制约职业教育发展的"瓶颈"。推进国家治理体系和治理能力现代化，为解决上述职业教育的瓶颈问题提出了全新视角、顶层思路。职业教育作为与社会经济发展密切相关的一种教育类型，同时肩负着面向人人和培养高技能人才的重任，关乎国家的经济发展与社会和谐。职业教育治理体系与治理能力的现代化，是国家治理体系与治理能力现代化不可或缺的一部分，对全面深化改革、推进国家治理体系和治理能力的现代化具有重大意义。改革开放以来，在政府及各部门的积极努力下，职业教育的发展取得了巨大成就。但是，目前与我国经济社会的需求和人民群众的期盼相比，职业教育发展依然面临很多困境，许多问题表面来看似乎在职业教育自身，而其实质是职业教育的外部制度、体制机制使然。"十一五"以来，我国职业教育的校企合作创设了"订单式"培养、工学交替、校中厂、厂中校、"政、校、企"三方联动等一批具有区域行业特色的校企合作人才培养实现形式，形成了"合作办学、合作育人、合作就业、合作发展"的校企合作人才培养理念，但是职业教育校企合作也遇到了较多的困惑、问题和困难，尤其是参与各方对职业教育校企合作的国家制度政策的缺失体会颇深，对职业教育在国家政策、制度层面的顶层设计改革有着较为迫切的诉求。实行校企合作、工学结合的职业教育人才培养模式，是技能型人才培养的有效途径，体现了职业教育的本质特点。职业教育所肩负的培养技能型人才的任务需要职业院校与行业企业共同承担，日益成为职业院校、广大企业和社会各界的共识。

从"单维"管理理念转向"多元"治理理念，在治理理论的指导下，借鉴国际比较经验，研究职业教育的多元治理主体的权责、实行管办评分离、多样化治理工具、完善的治理制度体系、治理指标体系、治理的制度包与工具包等，具有巨大的经济和社会意义。首先，完善职业教育治理体系、实现职业教育治理能力现代化，将有助于我国数以亿计的技术技能人才的培养和可持续发展，有助于职业教育突破上述"瓶颈"和困境，增强职业教育服务产业结构调整、经济发展方式转变的针对性和实效性。其次，对职业教育治理体系和治理能力现代化的研究，有助于促进我国社会民主与全面提升，增加人民群众学有所教、学有所用的终身学习途径和机会，依靠职业教育提升国民素质和发展能力，提升体面就业、幸福生活的民主和谐境况。

二、有利于课程建设

课程体系是学科发展的载体，企业岗位的各项技能都需要通过课程体系来实现，通过相应课程来培养对应岗位技能。我们曾经就校企合作中存在的问题以及校企合作参与各方对政策的诉求做过一次全国性的调研，主要是选取经济发展较快、地方政府认识较充分、政府政策环境较宽松、经费投入力度较大、企业参与职业教育的意识较强的地区作为样本进行调研。

调研发现，职业院校的校企合作中既有老生常谈的旧问题，也有发展过程中的新问题，需要政府统筹考虑解决的办法，整体推进合作的发展深化。企业对岗位职责有比较全面的了解，能够对各工种工作任务职责做出详细规划，然后将岗位职责标准转化成课程标准，企业项目实例转化为课程教学的案例。我国职业教育校企合作存在政府、行业、企业、院校、学生五大层面的问题，这些问题是系统培养高端技能型人才以适应经济发展方式转变和产业结构升级的重大障碍，是当前中国职业教育宏观政策亟待破解的焦点问题。

职业教育校企合作中存在的问题主要是企业主体缺位、行业企业参与不够，反映出经济领域缺少支持产教融合的配套制度。产教融合不仅应该是教育制度，而且应该是经济制度、产业制度的组成部分。

（一）政府作用的边界与市场治理结构的作用发挥

当前，在经济领域中的法律基本上没有涉及产教融合、校企合作的制度内容，在教育领域有关法律主要是1996年实施的《中华人民共和国职业教育法》，但迄今还没有与其配套的下位法，只有地方制定的地方性法规以及国务院相关部门制定的部门规章，力度不够。近年来，国家从认识上重视职业教育校企合作的制度和机制建设，各地不断探索实践，校企合作取得了显著成就，但国家和地方职业教育校企合作的法制建设仍然十分薄弱。国家层面上存在的相关问题表现如下：

第一，政府自身对如何发挥主导作用认识不足，对实现主导作用的形式和路径缺少探索和经验积累，相关校企合作的法律和政策制度不健全，协调引导作用有待加强。

第二，校企合作的管理制度和模式尚不完善，政府及其部门参与的职责分工有待明确。

第三，政府主导不足，导致校企合作多方参与、沟通对话、经费投入引导和保障机制、监督评价体系等还不完善，资源整合力度不够，对参与职业教育优惠政策宣传力度不够。

第四，政府支持的社会化评价体系不健全，参与合作的企业资质缺乏明确规定和认定，企业参与合作的效果缺乏整体评价。

第五，职业准入、职业资格证书与人才培养的关联性不够，校企合作的教育规范和标准不够成熟。

（二）行业指导能力的缺失与弥补

我国法律没有明确规定行业协会在职业教育发展中的地位和作用，使得行业组织的协调指导作用没有得到充分发挥，在制定行业岗位标准、课程标准中的主导作用发挥不够充分，行业组织对职业教育的校企合作的监督机制尚未建立，行业协会与职业教育的交流对话制度有待进一步完善。

我国职业教育的发展对行业寄予了极大的期盼，教育部门成立了59个职业教育行业教学指导管理协会，教育部门出台了发挥行业作用的政策文件，但是实际上行业组织指导职业教育的作用还远远没有发挥出来。在我国经济领域，行业组织自身的能力和作用尚未有良好的发展，行业指导职业教育的权限不明确，支持和鼓励行业组织参与职业教育与培训的政策尚不健全。此外，从整体上看，我国行业自身独立发展的水平有限，指导职业教育发展的能力不足，自身能力尚需逐步培养，不具备德国等发达国家的行会制定标准、主持考试、颁发资格证书的权力和能力。

（三）企业作为育人主体的作用和责任缺失

第一，企业应该成为职业教育和培养未来员工的主体，但我国职业教育处于市场治理结构发展的初期阶段，企业界表达意愿的机会和条件尚不成熟，参与职教内驱力不够。

第二，企业缺乏战略发展理念，参与校企合作动力不足，社会责任意识不够，合作关系大多靠感情维系。

第三，现有的合作组织管理不健全，在具体学科发展、课程开发以及对就业前实践的管理等环节中，企业大多处于被动状态，教育培训的标准和规范缺失，合作流于表面形式。

第四，以体力依赖为主而非技能依赖为主的企业大量存在，企业转型升级尚未完成，缺乏参与技能型人才培养的基本动力。

（四）职业院校校企合作育人和研发的制度尚未到位

第一，缺乏现代学校制度理念，校企合作的治理机制、合作发展机制不健全，整合资源能力不够。

第二，品牌创建意识不够，专业水平和技术技能积累不足，难以引领行业发展。

第三，技术服务能力较弱，难以吸引企业参与。

第四，人才培养模式创新不足，未能确立被校企双方共同肯定的教育规范和标准，难以适应产业需求。

第五，学生实习监管不到位，难以保证实习产教融合的水平。

（五）学生实习活动性质错位与纠正

就业前实践应该是教育环节，其活动的性质是教学活动，这一点不容置疑。实际的工作不能直接代替就业前实践，也不能等同于就业前实践。我国职业教育的现状是：第一，学生的岗位实操和实训内容、要求与企业的人才定位，与工作岗位要求不太相符。第二，学生在企业实习的内容、场地安全、工作时间等未有明确的规定。第三，学生责任心、吃苦耐劳能力等品质的培养尚未有清晰的标准。

三、有利于提升教师的社会服务能力

校企双方经常互派人员轮岗实训，企业派专业技术人员到校为师生讲学，有利于提高师生的实践操作水平。高校派教师下企业锻炼，在企业生产一线，教师实践能力能够得到比较大的提高。研究、探讨校企合作促进政策的制定和实施是一项重要的攻坚任务，需要深挖现存的问题，运用理论分析其原因，并将其放在国家宏观层面来思考解决的思路和办法。我国职业教育的主体是职业学校，主要由教育部门统筹管理，但教育部或者任何单一部门都无法有效地解决职业教育校企合作的跨部门、跨领域问题。2009年，《宁波市职业教育校企合作促进条例》开始施行，这是我国第一部地方性职业教育校企合作促进法规，为明确职业院校、企业和政府部门职责，预防学生在实习期间遭受意外伤害事故，保护企业商业秘密等提供了法律依据，为宁波地区职业院校和企业合作培养高素质技能型人才，促进校企合作可持续、健康发展提供了法律保障，是完善我国地方校企合作法规的重要标志。职业教育实行校企合作和工学结合的人才培养模式，不仅是培养应用型、技能型人才的基本做法，而且符合我国关于教育同生产劳动相结合、培养全面发展的人的基本教育方针，为加快制定国家职业教育校企合作促进法规提供了宏观性的思想框架。鼓励地方先行先试，吸收地方创新经验。许多地方对校企合作的认识水平程度不断提升，认识到人才培养合作项目的收益与产品研发等合作项目的收益相比，回报较低而投入较大。高校教师所接触的理论知识较多，但实践方面的技能比较缺乏，大部分高校教师都没有太多的项目经验，通过产教深度融合可以提升师资水平。教师在企业真抓实干、掌握了好的技能后，再结合自身丰富的理论知识，就可以提出有创新性的想法，帮助企业解决实际问题。

正是基于此，需要国家统筹职业教育校企合作政策，进行顶层设计。国家从教育、经济和劳动三个方面建立法律性框架。目前，《中华人民共和国教育法》《中华人民共和国劳动法》和《中华人民共和国职业教育法》中关于教育与生产劳动相结合、教育为经济建设服务、经济建设依靠教育以及职业教育校企合作的规定，对于促进校企合作的发展发挥了一定的作用，其条款大多是宏观性规定，相距建立良好的职业教育产教融合制度的需要还有很大差距。国家应从教育、经济、劳动三个领域修改现有法律和新增相关的法律，为加快建立国家职业教育产教融合、校企合作制度提供宏观性的法律框架。调查显示，在企业所能为职业学校提供的资源中，提供实训设备、为学校提供资金等被排在末位，因而，参与职业教育的企业需要政府优惠、补偿政策的引导。

四、有利于学生就业

企业参与人才培养的全过程，按照自身的人才定位进行人才培养，这样学生能够第一时间掌握行业最新技术，毕业后即可以在相关企业就业，这样有利于提升就业率和就业产教融合的水平。

职业教育校企合作分类是指根据职业教育校企合作的共同点和差异点，采用一定的标准和方法，依据一定的原则，对其进行系统的划分和归类。本研究依据参与主体、企业所依赖的人力资本类型、企业采用的生产方式，以及校企合作中涉及的专业类别等对校企合作进行了分类，并研究了各类校企合作的特点，以期发现不同类型校企合作的政策诉求。在多样的校企合作类型中，并非所有类型的企业都能积极参与校企合作。例如，知识依赖型企业、手工生产方式下的企业等，他们的合作意愿低，参与合作的面比较窄，形式比较单一，对这些校企合作，政府及各部门应加强引导，不过分鼓励、不强制实施。手工生产方式下的校企合作，合作的周期长，培养学徒的技能全面，产教融合的水平基本有保障。在政策上，应引导这类企业参与校企合作。体力依赖型企业的一线工作具有简单重复、劳动的知识技术含量低、用人不分专业、计件工资制等特点，是职业院校技术技能人才培养的天敌，尽管体力依赖型企业十分需要实习生的顶岗劳动，对职业院校的学生很有热情，但是这类企业却不适合培养人才，政策上也不应该鼓励与这类企业进行校企合作。

第二章 高校产教融合的发展现状

第一节 我国高校产教融合的发展现状

职业教育与产业之间的联系是相伴而生的，它们之间的关系不仅是产业细化的需要，也是产业细化、专业化发展的必然结果。产业细化在很大程度上促成了职业教育作为独立教育类型的出现，也提高了职业教育的效率，但是专业化分工也在一定程度上造成了教育与产业之间天然联系的断裂，职业教育逐渐游离出产业环境，并且有欲行欲远的趋势。为拉近两者的距离，并让其在新的发展阶段重现先天融合的状况，必然需要社会力量的助推，尤其是政府与相关部门的政策支持，将成为必不可少的主导助推力。然而，目前已有政策，对于提升职业教育中产教融合的效果并不明显。无论是中观的校企合作还是微观的工学结合，都没有达到预想的效果。正是基于此，研究已有政策的历史变迁、分析政策产生的脉络及其存在的问题，对于完善产教融合的政策支持系统具有十分重要的意义。

"产"就是对"产业"的简称，从传统意义来说，产业主要是指经济社会物质生产部门，随着产业细化和生产力的不断发展，产业的内涵不断充实，外延也不断扩展，产业是指利益相互联系、具有不同分工的各个相关行业所组成的业态总称，泛指一切生产物质产品和提供劳务活动的集合性组织；"教"即"教育"、在此特指职业教育，是指人类产业细化发展到一定程度后，为满足社会再生产发展、产业对人才素质提出的专业化要求而产生的独立部门，其目的主要在于为社会各行各业培养所需要的人才；"融合"指的是两种或多种不同事物合成一体，是指相关事物之间主要发生质的变化，并成为一种新事物，这种新事物在形式、内容方面可能不同于原有事物，产教融合的水平有所提升和改变正是基于此。"产教融合"是指职业教育与物质生产、社会服务等行业共同开展生产、服务和教育活动，并且形成不同于单纯的教育与产业的另一种组织结构。此组织的核心是从事教育、物质生产或社会服务工作，并为产业部门提供合格、成熟的人才，不同于校企合作中用人单位和高校权、责、利的分配，而是必须形成一个具有不同于学校或者企业功能的新的组织，这个新组织承担起学校毕业生顺利走向工作岗位且能胜任工作的重任，是学校和产业之间有效衔接的桥梁。正是基于此，制定适合此组织发展的支持政策，对产教融合组织的形成和发展具有十分重要的意义。

一、关于产教融合的相关法律和法规

职业教育属于社会公益事业，政府是最大的受益者，产业则是社会主义市场经济的主要组成部分，在经济发展中，市场既是助推者，也是受益者。为此，职业教育政策变迁受政府和市场双重规制的影响，形成了两种主要范式，即国家本位的政策范式与市场本位的政策范式。从新制度经济学的视角来看，"规则的更新是创新主体基于一定目标而进行的制度重新安排和制度结构的重新调整，是一种社会效益更高的制度对低效制度的替代"。规则更新的目的在于提高制度的效益，为制度助推者带来利益的最大化，所以产教融合相关政策的变迁也是为了实现产业和职业教育两者利益的最大化。

(一)《中华人民共和国职业教育法》颁布前与国家本位的政策范式

1978—1996年,我国职业教育经历了恢复、发展和停滞的不同历程。从现代职业教育体系的构成来看,这一时期可以归于我国职业教育发展的初期,国家政策以助推中等职业教育的市场化为主。1978年后,中央领导人和政府相继发布讲话和文件,表明了发展职业教育的观点,并且在《关于中等教育结构改革的报告》中,明确了中等职业学校发展的途径,即改办普通高中,发展中等职业教育,也正是基于此,职业教育得到恢复和发展。

政府给予学校拨款和相关的优惠政策支持职业学校的发展。如1983—1985年中央财政共划拨了15 000万元的职业教育补助经费;减免校办工厂的税收,吸引企业投资职业教育;同时,也充分发挥中介组织的力量,成为学校和社会力量衔接的桥梁,将招生、就业与市场产业进行很好的衔接。此时政府是职业教育政策的主要制定者和助推者,其目的在于确定职业教育的合法地位,从社会吸取办学资源,并将毕业生投放市场,为国民经济社会发展服务,带有很强的计划培养特点。国家本位、政府主导的政策,曾经一度造就了职业教育中产教融合的可喜成绩,中等职业教育招生人数持续上升,1996年达到了188.91万人,毕业生与用人单位的要求高度吻合,受到了市场的欢迎,甚至出现了用人单位争抢的局面。但在国家本位的政策导向下,职业教育对政府形成了强烈依赖,在政府政策及相关配套改革工作滞后的情况下,20世纪90年代后期职业教育发展开始出现停滞甚至衰落的状态,招生数量持续下滑,1998年我国中等职业学校约2 200所,除普通中专校约1 200人,其他几类学校均只有500人左右。职业教育与产业之间的联系也逐渐脆弱,职业教育发展陷入了前所未有的困境。

（二）《中华人民共和国职业教育法》颁布后与国家本位的政策范式

鉴于职业教育中出现的困境，为改变现状、促进职业教育的发展，1996年9月1日起，《中华人民共和国职业教育法》（以下简称《职业教育法》）开始施行，并在第二十三条中明确规定职业教育应当实行产教融合，确立了产教融合的法律地位。为贯彻此法，国家教委等部门联合发布《关于实施〈职业教育法〉加快发展职业教育的若干意见》（1998年），对贯彻产教融合进行了工作部署。接下来颁发的相关文件都对产教融合工作有明确体现，如2002年国务院《关于大力推进职业教育改革与发展的决定》提出，企业要和职业学校加强合作，也要依靠企业举办职业教育；2004年教育部发布的《关于以就业为导向深化高等职业教育改革的若干意见》提出了产学研结合的高职教育发展道路；2005年，国务院《关于大力发展职业教育的决定》提出职业教育的人才培养模式为"工学结合、校企合作"；2010年，中共中央、国务院《国家中长期教育改革和发展规划纲要（2010—2020年）》提出，要制定校企合作办学法规，推进校企合作制度化；2014年国务院《关于加快发展现代职业教育的决定》提出，"深化产教融合、校企合作"，第一次在国家层面的文件中出现了"产教融合"的要求，是对产教融合要求的进一步提升。

从产教关系的发展历程可以看出，国家对行业、企业参与职业教育的要求，及其在职业教育活动中的角色变化。不仅为产业部门参与职业教育做出了相关指导，也明确了产业部门在职业教育发展中的地位和作用。这些文件完善了"行业企业部门参与职业教育的宏观（产教融合）、中观（校企合作）和微观（工学结合）的要求"，并且极大地促进了高等职业教育的规模发展，形成了中等和高等职业教育并重的良好势头。但是这些文件并不是与职业教育法配套的下位法律文件，它们的权威性和稳定性有限,对于产业部门参与职业教育的行为并不具有约束性,且政府对自身在其中应该发挥的主导作用缺乏清晰的认识,对参与主体的职责分工并不明确,导致职业教育部门与产业部门在处理产教融合的相关事务中缺乏明确的指导,政策执行效果并不明显,国家本位政策失灵现象比较普遍,产教融合缺乏良好的前期基础。

(三)《中华人民共和国高等教育法》与市场本位的政策范式

随着经济体制的改革发展,高校管理制度和模式与制度保障的改革提上了议事日程,1993年《中国教育改革和发展纲要》由中共中央、国务院颁布,并且明确提出"要使高校真正成为面向社会自主办学的法人实体",标志着高教政策由国家本位向市场本位的演进。1998年《中华人民共和国高等教育法》颁布,标志着市场本位政策的正式确立,高等教育的管理权限从中央向地方转移,高校自主办学权力逐渐扩大,由此也意味着高等教育体系的内部环境发生了深刻变化,学校与政府、行业、企业的关系也发生了深刻变化:市场治理模式确立,政府的教育职能相应缩小,对高等教育的投入逐渐减少。

2006年,按照国务院《关于大力发展职业教育的决定》的重要部署,为在全国高等职业院校中树立改革示范和发展示范,引领高等职业教育与经济社会发展紧密结合,提高高等职业教育产教融合的水平与办学效益,助推高等职业教育健康发展,国务院决定实施国家示范性高等职业院校建设计划,旨在整合资源、深化改革、创新机制的基础上,按照地方为主、中央引导、突出重点、协调发展的原则,同时兼顾地区、产业、办学类型等因素,选择学校定位准确、办学条件好、社会声誉高、产学结合紧密、改革成绩突出、制度环境好、辐射能力强的100所高等职业院校，优先进行重点支持，并完善相关政策，促进工学结合的重点学科发展，通过以点带面，引领全国高等职业院校凝聚教学改革的共识。通过该项目的实施，一批高等职业院校在创新人才培养模式、专兼结合课程小组建设、服务社会、服务地方、服务企业和办学特色等方面取得明显成效，加快了高职教育的改革步伐，提高了高等职业院校的办学实力、教学产教融合的水平、管理水平和办学效益；一批重点专业脱颖而出，建成了对接各地重点产业的专业人才培养方案，有效带动了省级示范、行业示范等一大批高等职业院校，一批专业特点突出的优秀高等职业院校群体脱颖而出，它们聚焦国家和区域发展战略，围绕实体经济建设，在助推战略性新兴产业、先进制造业健康发展，加快传统产业转型升级等方面，提供了重要的技术技能人才支撑，发挥了不可替代的作用，引领高等职业教育走出了一条不同于普通大学的类型发展之路，高等职业院校显示出空前的活力和勃勃生机。

联合国教科文组织产学合作教席主持人查建中教授称赞国家示范高等职业院校建设项目成就了高职教育的改革优势，用六个标志来描述该项目所具有的典型示范意义，这就是逐步成熟的面向职场模式、正在深化的产学合作关系、双师课程小组的理念和机制、紧跟市场的观念和体制、对职场中层人才需求的了解和把握、服务行业企业的意识等。在该项目实施中，中央财政专项投入资金产生了明显的拉动效应，地方财政对高等职业院校发展的重视程度大幅度提高，生均预算内拨款水平明显提高，示范高职建设院校基本实现了与本科院校生均财政投入水平大体相当的建设要求，为教育部、财政部《关于建立完善以改革和绩效为导向的生均拨款制度加快发展现代高等职业教育的意见》（2014年）明确规定2017

年各地公办高等职业院校年生均财政拨款水平应当不低于1.2万元，奠定了实践基础和政策依据。正是基于产教融合的工学结合人才培养模式的变革，改变了高等职业院校的人才培养观念，提高了高等职业院校专业教学产教融合的水平，提高了高等职业院校毕业生的就业创业能力，也提高了高等职业院校在教育领域及其在全社会的地位。近几年，一批高等职业院校校长（书记）先后调到应用型本科院校担任党委书记或校长，这也从一个侧面反映了社会对高等职业院校发展成效的认可。

2015年，教育部发布《高等职业教育创新发展行动计划（2015—2018年）》（以下简称《行动计划》），启动优质高等职业院校建设。这是高职战线深入总结"十二五"发展经验，面向"十三五"布局改革任务，引导和助推高等职业院校制定和执行好"十三五"规划的重要行动指南。《中华人民共和国国民经济和社会发展第十三个五年规划纲要（2016—2020年）》把"推进职业教育产教融合"作为推进教育现代化的重要任务，要求推行产教融合、校企合作的人才培养模式，助推专业设置、课程内容、教学方式与实践知识的传授对接，体现了国家想法和意愿的引导和机制安排，只有"发展与技术进步和生产方式变革以及社会公共服务相适应、产教深度融合的现代职业教育，才能为社会输送适合产业发展的高素质人力资源，才能为国家和社会源源不断地创造人才红利"。优质院校建设将"办学定位准确、专业特色鲜明、社会服务能力强、综合办学水平领先、与地方经济社会发展需要契合度高、行业优势突出"作为前提要求，并将"深化教育教学改革、提升技术创新服务能力、培养杰出技术技能人才，增强专业教师和毕业生在行业企业的影响力，提升学校对产业发展的贡献度，争创国际先进水平"作为主要建设任务，体现了优质院校建设对产教融合的高水平学科发展提出的新要求。

产教融合是校企合作的升级版，对校企合作具有深层次意义，具体如下：

第一，产教融合是把产业发展对职业岗位的新要求融入专业教学标准、教学大纲和课程等教学资源中，对提高合作育人产教融合的水平具有指导意义。

第二，产教融合有效推广产业新技术、新技能，企业在合作中受益，有利于调动其合作的积极性。

第三，产教融合有利于提升高职教育教学的技术含量，企业将更加愿意和院校合作，实现企业的升级愿望，有助于合作发展。

第四，按照"通过去除没有需求的无效供给、创造适应新需求的有效供给，打通供求渠道，努力实现供求关系新的动态均衡"的供给侧结构性改革要义，产教融合的教育教学改革将有效提升高职教育专业人才培养的有效供给。例如，南京信息职业技术学院将技术链上游企业先进技术作为专业教学重要内容，并为技术链下游企业提供技术和培训服务，在提升合作育人、产教融合的水平的同时，实现了校企合作的常态化。

产教融合也是发达国家职业教育的成功经验。德国双元制模式中的职业学校和企业都是实施职业教育的主体，企业承担的职业培训任务要按照德国联邦经济部部长签发的职业培训条例和大纲开展，职业培训条例和大纲对职业培训具有约束性，是产业发展对职业岗位能力的具体要求，职业培训条例和大纲的动态更新和调整，体现了产业发展技术技能新元素对培训要求的及时融入。澳大利亚职业技术教育模式是以国家职业资格标准框架为核心的职业教育，英国现代学徒制项目框架也是以国家职业资格标准为核心的职业教育，本质上都是围绕职业要求而开展的职业教育培训模式。

目前，通过国家示范（骨干）院校的建设，我国高职教育已经有一批专业形成特色，具备了产教融合的优势，成为面向世界、国内一流的高水平专业。例如，深圳职业技术学院与华为技术有限公司等合作的通信技术专业已经形成国际领先优势。该专业20名专业教师中有教授2人、副教授14人，其中包括博士7人，45人次参加过华为公司技术培训并获证书；2008年成立国内高校第一家华为合作授权培训中心，2011年建成国内高职第一所华为网络技术学院，开设IP数据、光网络、移动等方向课程模块，具有明显的产业优势；在校生中产生了全球高校第1位、全球第150位华为光传输顶级认证专家（Huawei Certified ICT Expert，HCIE），15名在校生通过华为路由与交换顶级认证（HCIE），150多人通过华为HCNA（Huawei Certified Network Associate）、HCNP（Huawei Certified Network Professional）认证，在校生通过华为顶级认证HCIE的人数在国内外高校中遥遥领先；2013—2016年连续4年获得全国职业院校技能大赛一等奖。又如，湖南铁道职业技术学院追随中国中车走向世界，高速动车组技术专业具有国内外领先优势。该专业拥有全国"万人计划"教学名师1名、全国优秀教师1名，6名教师任中国中车等企业技术顾问；牵头建设国内外技术水平一流的轨道综合实训中心；近3年与中国中车合作开展项目研究9项、技术服务16项；毕业生仅2016年就获全国铁路系统动车组机械师技能大赛、车辆技术技能大赛、客车检车员技术技能大赛3个赛项的第一名。再如，上海出版印刷高等专科学校的印刷媒体技术专业也已形成国内外领先优势。该专业15名专业教师中有高级技师2人、教授2人、副教授6人、博士5人，5人是国际印刷标准组织认定的专家，7人为国家级裁判员，其中，我国唯一的世界技能大赛国际级裁判、国际大赛教练组组长各1人；已经完成3项印刷媒体技术的国家职业标准的编写；有2名在校生分别在第42届、43届世界技能大赛印刷媒体技术项目的竞赛中获得亚军和季军，实现了我国在该领域零的突破；过去 3 年共有 55 名在校生在国家级一类竞赛中获奖，获奖人数和等级在国内同类高等职业院校中遥遥领先。

根据中国教育统计年鉴中的相关数据，1999—2005 年，高校生均预算内经费支出从 2 962.37 元降至 2 237.57 元，许多学校都曾一度面临严重的经费问题，中等职业学校办学经费虽有增加的趋势，即从 1999 年的 228.58 元增加到了 2005 年的 336.66 元，但从生均支出数额上可以看出，国家政策更加倾向于职业院校，其生均开支将近中等职业学校的十倍，职业学校办学经费相比更加拮据。面对日益成熟的社会主义市场经济体制，原来采用行政指令推进工作需要转向更多发挥政府的引导作用。采用专项资金引导高职教育改革发展是市场配置资源过程中政府引导作用的重要体现，也是成熟社会主义市场经济体制下政府调控的重要手段。高等职业教育的发展前景十分广阔，而改革探索的任务也是十分艰巨的。建议进一步强化中央财政的专项引导作用，落实李克强总理关于加快建设一批高水平职业院校和骨干专业的重要批示，这必将更加有利于产教深度融合的现代职业教育发展，为国家源源不断地输送人才红利。

许多学校脱离行业、企业的管理，成为独立的办学主体，同时，行业部门、企业组织对于职业教育发展的职能被弱化，行业指导、企业参与职业教育的活动越来越少，产教融合的良好势头没有得到进一步发展，市场对职业教育的认可度也逐渐降低。

随着 1999 年《中华人民共和国高等教育法》开始实施，高等教育体系中引入了市场治理结构，所有学校都需要在市场中获取办学资源，尤其在其他高等学校自身实力不断提升的情况下，职业教育生存和发展的空间受到了来自教育体系内部的挤压而逐渐缩小。另外，职业教育自身办学力量薄弱，社会地位不高，职业教育体系中缺乏上下贯通的发展道路，社会认可度进一步降低，在市场竞争中总是处于劣势地位，无法获得政府和产业部门有效的政策支持，产教之间缺乏有效衔接的桥梁，产教融合也由此陷入困境。

产教融合是高等职业教育服务地方社会发展的本质要求，是学校与区域内相关行业、企业在人才培养、技术研究与升级和成果转化中密切合作、相互支持、相互促进，把学校办成集人才培养、科学研究、科技服务于一体的产业性经营实体，形成学校与企业浑然一体的办学模式。产教融合中的"产"可以理解为"生产"或是"学做"，是实践教育的重要形态；"教"是教育教学，泛指实践教学活动及内容；"融合"则是对两者交互的要求，是"生产性学习"与"学习性生产"、"生产性教学"与"教学性生产"的有机结合，这是理论与实践结合的根本要求。"产"与"教"要融合，前提是两者要有内在的关系，体现在职业教育中就是专业性与生产性、专业核心能力与专业生产技术相联系，这是对"产""教"内容和方向的规定。同理，校企合作也要从三个维度思考：学校服务企业的能力、企业育人教育的能力、学生专业化发展的能力。

国家本位的政策范式曾一度促进了职业教育的恢复和发展，并助推了产教融合的发展，随着市场本位政策范式的确立，高等教育走向市场，职业教育受到了来自教育体系内外的挤压，产业部门对职业教育的认可度逐渐降低，产教间因缺乏有效衔接而使两者的结合陷入困境。在构建现代职业教育体系的历史需求下，产教融合的相关政策问题再次凸显，成为政府、学术界、教育界和产业界共同关注的重要问题。产教融合有利于满足区域行业企业人力资源开发的需求。高校为企业量身定制培养和输送的专业人才，满足了企业对人才标准的产教融合的水平要求，同时，用较低成本获得了较为充足的人力资源，实现了企业成本的节约。

学生岗位实操可以降低企业的生产成本，提高企业的社会竞争力。产教融合有利于激发学生的学习兴趣，真正做到学做合一。

产教融合有利于高校动态设置和调整专业。高校根据区域内行业、企业的发展趋势和人才需求状况调整专业设置和人才培养目标、明确人才培养标准，有利于探索人才培养模式，改革人才培养的手段和方法，打造适应产教融合的专业课程体系，全面提高人才培养产教融合的水平和未来人才的素质。高校邀请企业一线专家参与课程开发，模拟企业真实的工作环境，用来自企业的真实工作任务培养学生，按照企业产教融合的水平管理要求考核学生，有助于增强专业的社会适应性，使培养的人才更符合行业、企业的需求。

在产教融合中，学生在老师的带领和指导下，把掌握的理论知识运用到实际工作中，既加深了对理论知识的理解，又增强了实践动手能力，提高了解决实际问题的能力。在毕业之前就能够真正地掌握工作中的操作技能，这样更利于学生技术水平的提高和就业能力的拓展，使人才培养更具有岗位针对性。

产教融合有利于"双师型"教师的培养。高校的专业结构与产业结构有着密切的关系，经济产业结构的调整和升级会影响劳动力资源的需求，劳动力资源的变化则会进一步影响高校专业结构的变化。专业是高校连接社会、服务社会的基本单位，科学地规划和优化专业布局是高校发展的基础，也是高校产教融合的基础。高校要实现产教融合，在专业设置上，就必须以产业结构为蓝本，准确把握专业的规模、结构与区域经济发展的路径的匹配程度，提高专业设置的针对性和科学性；与产业需求相对接，以产业需求状况分析报告、就业率、订单人数和新生报到率为主要依据，控制专业数量，优化专业结构；根据区域内产业的发展状况和趋势合理定位自己的专业范围和服务行业，从市场的多元需要出发找到自己的发展定位和生存空间，避免与区域内其他院校重合，实现专业的错位发展；设置有市场需求和发展前景的专业，及时调整没有市场需求、过时的专业。充分实现课程内容与职业标准相对接，提升教学内容的针对性。

在产教融合中，教师不仅要负责知识层面的传道授业解惑，还要了解企业文化，学习新知识、了解新工艺、掌握新技术。高校与区域内的行业、企业合作，可以使专业教师深入企业，了解最新的设备、技术和工艺，参与企业技术产品的研发和技术成果的转化，提高教师的实践动手能力。教师在教学过程中，可以将在企业掌握的新知识增加到教学内容中，提高教学的针对性和实效性。职业教育的目标是服务经济社会发展和人的全面发展，通过助推专业设置与产业需求、课程内容与职业标准、教学过程与生产过程的有效对接，实现校企协同育人，提升学生的实践技能和职业岗位的适应能力，提高就业竞争力。充分实现专业设置与产业需求相对接，提升人才培养的有效性。职业标准是在职业分类的基础上，根据职业（工种）的活动内容，对从业人员工作能力水平的规范性要求，是从业人员从事职业活动、接受职业教育培训和职业技能鉴定以及用人单位录用、使用人员的基本依据。职业标准也是高校确定课程目标，选择课程内容的基本依据。教学过程与生产过程相对接就是打破理论与实践分离的课程模式，由高校与企业共同开发模块化课程体系，贯彻以"行动导向"为教学方法的"项目化"教学，在职业实践情境中展开学习过程，学做合一，依据企业的真实生产过程建构教学情境、设计教学过程，让学生在完成典型产品的过程中学习相关理论知识，建立工作任务与知识、技能、态度的联系，增强学生的直观感受，激发学生的学习兴趣，使学生具备从事生产和适应社会发展的能力。

高校要实现课程内容与职业标准相对接，就必须在分析完成工作任务所需要的职业标准和素质要求的基础上，有目的地选择课程内容，使课程内容具有针对性和实用性，为学生的发展奠定了坚实的基础。课程内容的设置要遵循技能形成规律和学生认知规律，从简单到复杂、从具体到抽象、从单项能力培养到综合能力培养，将工作岗位所需要的职业标准和素质能力融入相应的课程中。避免把职业标准简单地理解为动手能力和操作技能，要重视职业情境中学生综合职业能力的培养，使学生在复杂的工作过程中能及时做出判断并采取行动。充分实现教学过程与生产过程相对接，提升就业岗位的适应性。在高校加强内涵建设、提升核心竞争力的过程中，产教融合日益体现出重要性，产教融合的程度已经成为考量高校办学水平和内涵发展最核心的要素。正是基于此，加强对产教融合理念的认知，完善管理制度和模式机制保障，与创业中心、产业园、工业园等园区合作，建立多元化的产教融合模式，使生产和教育真正地融合，是高校当前亟待解决的问题。发挥政府调控和协调作用，形成关系形态多元的产教联合体。实现教学过程与生产过程相对接的关键是项目设计要符合学生的实际能力水平和教学需要，确保课程标准中所规定的工作任务、知识和技能得以明确学习；要尽可能真实地模拟企业的生产环境、工艺流程、管理模式、企业文化等生产特点，体现现场生产过程、氛围与组织形态特点。一是制定政策和法规，为产教融合提供保障，从宏观上构建好高等职业教育的制度、体系和政策，切实保护产教融合双方的合法权益，为产教融合的各个方面提供法律上的规范和支持；制定专门的法律或条例、规定，建立健全合作组织内部的规章制度，对组织内部进行规范和调控；出台相关的鼓励措施和税收政策，鼓励企业积极参与产教融合。二是成立行业职业教育联盟，搭建合作的平台，使深入推进产教融合成为自觉行动。根据地方产业优化升级的目标、任务和阶段性要求，为产教融合双方搭建信息沟通、技术支持的平台，使行业、高校、企业关系紧密，提升内涵建设产教融合的水平，共同开展教学、科研、生产、职业资格鉴定和职业培训，实现人才、项目、技术等方面的全面共享。三是设立专项资金支持产教融合。可以设立专项资金用于产教融合相关课题的研究，或将资金投入关键技术、共性技术以及前瞻性技术的研发和创新，这样一方面可以减小企业技术创新的风险、增强企业参与创新的动机，另一方面也能缓解产教融合中资金的缺乏。创新和完善产教融合管理机制，保障产教融合的顺利进行。

高校要创新和完善政府引导、校企互动、行业协调的产教融合的动力机制、调控机制、保障机制、激励机制和评价体系，建立教学生产共时、技术资源共享、课程体系共构、专业队伍共建、校企利益共赢的一体化目标，吸引企业主动参与学校办学方向、学科发展等重大问题的决策，加强产教融合的规范管理，形成以学生满意度、企业满意度、学校满意度、社会满意度为标准的评价体系。产教融合是一种关系的、利益的合作，要认真处理好公益性与市场性、服务性与效益性、合作性与竞争性的关系。建立多元化的产教融合模式，实现人才培养集约化。一是高校以专业或专业群为主体，对应多类行业、企业开展点对点的合作，这是产教融合的有效途径，对中小企业集聚区域的地方性高校尤为重要；二是高校的一个专业或专业群与区域内某个行业领域的多家企业合作，并形成具有共同目标的合作平台，使学校成为区域行业发展的人才储备库；三是高校跨专业群和跨行业，以多个专业群与区域主导产业链上具有国际化战略发展优势的龙头企业集团合作，吸收产业链上更多企业参与到这个合作平台，跨专业跨行业培养人才，实现多元化人才一条龙输送。在高等职业教育发展的关键时刻，高校应抓住机遇，深化教育教学改革，根据地方经济社会发展的特点和趋势，主动与行业、企业合作，根据市场需求调整专业设置，在学科发展的各个环节实施产教融合，增强学校的社会适应性，培养出真正符合社会经济发展需要的高素质技术技能人才。

要建立"资源共享、优势互补、互利双赢"的长久的发展制度，维持合作主体间合理的利益分配和平衡关系，使协同性既有动力也有压力，彼此信任、诚心合作，把育人落在实处。依托创业中心、产业园等园区，推进人才培养与社会服务同步转型。高校要立足区域经济发展特色，把握地方发展趋势，根据地方经济社会发展的需要，加强与创业中心、产业园、工业园等园区多领域、多层次、多形式的合作，开展订单培养、合办专业、建立就业前实践的专门基地和教学工厂、共建二级学院，围绕企业重点技术需求提供技术攻关、科技研发、产品开发、信息咨询、人才培训等服务；学校教师和企业技术人员可共同组成课程小组，进行产品可教学化探索，把科技项目引入教学过程，实施项目化教学，形成专业骨干课程体系，以教育服务为理念，以人才培养模式改革为载体，在助推地方经济转型升级的过程中，实现社会服务与人才培养的同步转型，在驱动地方经济社会发展的同时，提高自身的创新力、发展力和竞争力。

二、产教融合中的国家骨干高等职业院校发展

2010年，在对国家示范高等职业院校建设项目成果充分认可的基础上，教育部、财政部对继续延长该项目计划的实施做出具体安排，确定新增100所骨干高等职业院校建设，继续发挥财政专项对高职教育改革发展的引导作用，推进地方政府完善政策、加大投入，创新办学体制机制，推进合作办学、合作育人、合作就业、合作发展，增强办学活力；将校企合作体制机制建设作为突破工学结合教学改革瓶颈的重要举措，形成人才共育、过程共管、成果共享、责任共担的紧密型合作办学体制机制，促进校企深度合作，增强办学活力，形成新的引领机制。

骨干院校项目建设文件规定央财资金可以部分安排用于办学体制机制创新，成为政府引导骨干院校建设项目推进产教融合、校企合作的重要信号。一批国家骨干建设项目院校领导普遍认为，骨干建设项目不仅使学校办学业绩得到明显提升，更重要的是在校企合作体制机制上取得了成功突破，为工学结合的人才培养模式改革提供了保障。90%以上的骨干项目建设院校成立了校企合作办学理事会，所有重点建设专业都成立了学科发展指导管理协会，部分重点专业探索了校企合作的升级模式。

《2018中国高等职业教育质量年度报告》是由全国高职高专校长联席会议委托、上海市教育科学研究院和麦可思研究院共同编制的高职产教融合的水平年报，已经连续发布几年。几年来，报告始终坚持需求导向、坚持第三方视角、坚持创新发展，逐步形成了由学生成长成才、学校办学实力、政策发展环境、国际影响力和服务贡献力构成的"五维产教融合的水平观"，探索建立了不同维度产教融合的水平评价指标体系，持续引导高等职业教育强化内涵、提升产教融合的水平，成为社会了解高等职业教育的重要窗口。

2018年报告坚持创新内容、完善体系，努力反映高等职业教育"改革不停顿，开放不止步"的发展历程。党的十九大提出，"完善职业教育和培训体系，深化产教融合、校企合作"，高等职业教育产教融合的水平提升迎来新机遇。面对新一轮科技革命与产业变革的新形势，实施"中国制造2025"的战略目标，高等职业教育基于综合改革与本土实践的高产教融合的水平发展理念和体系正在形成，2017年人才培养工作取得新进展。报告显示：学生自信、上进等良好素养逐步形成，实践教学、社团活动的育人功能日益显现。毕业生就业率、月收入、专业相关度、母校满意度、自主创业比例、毕业三年职位晋升比例等指标稳中有升。毕业生就业产教融合的水平进一步提高，职业发展上升空间扩大，为阻断贫困代际传递做出贡献。云计算、物联网、大数据、智能制造等相关专业高速和高质量发展，支撑新兴产业能力增强。高等职业院校在深化产教融合过程中注重将产业先进技术等元素融入教学过程，企业的育人作用不断体现。专业教育与思想政治教育同向同行，呈现全方位育人的良好态势。信息化课堂教学渐入常态化，优质教学资源跨区域跨行业共建共享机制开始形成。高职教育服务脱贫攻坚呈现新态势，形成"专业支撑＋产业扶贫""组团式扶贫"等特色模式。校村合作、校镇合作成为城乡融合新模式，成为乡村振兴人才培养的新特点，一批中西部地区院校正在成为当地发展的新地标。优质院校得到地方政府和行业领军企业的认可与支持，为"中国制造"注入新动力。服务贡献50强院校整体水平有较大提升。高等职业院校服务"一带一路"呈现区域特点，开放办学持续深化，境外办学更加多样化。专业教学标准和课程标准逐步得到国（境）外认可，来华留学与培训量增长明显但仍处于起步阶段，亟待高等职业院校加强专业标准建设，更需要各级政府的政策引导和资源支持。

报告强调，政府责任是高等职业院校发展的重要方面。产教融合校企合作、教育脱贫攻坚等政策密集出台，优质院校建设成效显现，创新发展行动计划进一步落实。高职教育生均公共教育费用继续增长。产教融合的水平年报三级发布制度进入常态化，社会影响力增强。高等职业院校不平衡、不充分发展问题亟待解决，高水平建设更需要强化中央财政的专项引导。报告首次发布的高等职业院校教学资源50强显示：东部地区高等职业院校资源水平整体较高；中西部地区院校的生均教学科研教学设施值等资源水平较弱，需要加大投入，加强建设；示范骨干高等职业院校教学资源水平优势明显，体现出财政专项投入对于高等职业教育发展的重要作用；教学资源存在明显的区域和院校不平衡性，亟待政府和院校予以重视。

第二节 我国高校产教融合中存在的问题

目前，我国的工业化、信息化、城镇化、农业现代化同步发展。产业结构在调整，生产方式在变革，经济社会在转型，这些重大的变革带来的必然是社会职业岗位的重大变化，行业、企业对技能型、应用型、创新型、复合型人才的需求明显加大。

然而，当下高等院校人才培养与对社会需要的预期还有很大的差距，甚至渐行渐远。一方面，企业和各类机构迫切需要的是能够开拓事业、承担责任的各类人才，但现实状况却不尽如人意。另一方面，每年数百万的大学毕业生急于落实工作单位，却很难找到愿意给他们提供就业岗位的单位。与就业难和就业产教融合的水平不高相对应的是，用人单位高薪也难以聘用到合适的人才，中国中高级技术技能人才需求缺口逐年扩张。正是基于此，如果地方高校在人才培养路径上不做出改变，那么就不仅影响了国家高等教育结构的均衡发展，而且也严重制约了区域经济社会的发展。

从教育部2012年公布的中国高校毕业生就业率排名来看，985高校位居第一，高职院校高居第二，"211"学校、独立学院、科研院所分列第三、第四、第五位，而地方本科院校仅列第六位。就业难还并不是唯一存在的问题，就业产教融合的水平不高的情况也十分严重。在就业难的形势逼迫下，很多大学生选择非自愿就业。在少部分对口就业的大学生中，55.6%的学生认为所学知识难以满足工作的需要。

一方面是"用工荒"，另一方面是"就业难"，高校人才培养与社会的需要之间存在较大差距已是不争的事实。主要问题绝不是数量问题，实质上是人才培养标准的问题，也就是标准错位。深化产教融合、校企合作，培养大批技能型、应用型、复合型人才是经济社会发展对高等教育提出的新要求，主动适应经济社会转型发展新常态，充分发挥企业主体在实践型人力资源培养中的作用，是全面提高教育教学产教融合的水平、提高大学生创新创业能力的重要渠道和必由之路，更是地方本科院校生存、发展的内在需要。

中国高等教育的大众化，让更多的青年学子圆了大学梦，但随之也带来了一系列问题，特别是给高校改革人才培养模式、保障教育教学产教融合的水平提出了更高的要求和更加繁重的任务。历史和实践告诉我们，高等教育必须适应经济社会的发展，否则就将受到惩罚，牛津大学和剑桥大学都曾经有过前车之鉴。18世纪60年代英国产业革命兴盛之时，产业革命中的技术并不是直接源于英国的高等教育，是一种疏离的关系，高等教育对产业革命没有发挥出应有的作用，牛津和剑桥两所大学对于正在发生的产业革命采取"事不关己"的态度，自我封闭严重，宗教限制严格，学术风气退步，教学水平下降，考试制度僵化，与时代需求严重脱节。结果，两所学校都陷入了长达近一个世纪的衰退。反而是伦敦大学和一系列城市学院在产业革命中的兴起，带来了大规模的新大学推广运动，革新教学方式，承担了许多市场运行中的技术科学实验和研发工作，从而迎来了英国高等教育的全新发展，也实现了高等职业教育和产业发展技术的有效对接和助推。

校企合作和产教融合是在职业教育发展过程中应运而生的，相对于西方发达国家，我国的职业教育兴起较晚，校企合作也相对滞后。从现状看，高校、从高职升为本科的本科院校以及转型较早的普通本科院校校企合作做得较好，大多数刚刚转型的普通本科院校在这方面还处于起步阶段。我国应用型本科高校的人才培养模式仍处于较低层次的校企合作阶段，还没有达到产教深度融合的理想状态，主要表现在以下六个方面。

（1）合作不稳定，融合渠道不畅通

由于企业与学校在性质、体制、功能和结构上的不同，在初期校企双方很难实现真正意义上的合作。公司的发展目标是利润，需要创造经济效益，正是基于此缺乏与高校开展校企合作的动力。大多数校企合作关系的建立与维系主要还是靠人脉关系和信誉。这样建立的合作关系，大多是短期的、不规范的、难以持久的低层次合作，未能形成统一协调的、自觉的整体行动，合作的成效参差不齐。要真正解决这些问题，就要尽快构建由政府主导的校企合作政策与管理机制，以立法的形式制定有关职业教育校企合作的法规或条例，明确政府、行业企业、高校在校企合作中的职责和义务。

完善的制度内容是职业教育产教融合发展的根本保障，也是职业教育人才培养工作顺利开展的基础。要改变我国职业教育发展现状、加快落实产教融合政策，需要各级政府出台与之配套的规章制度。在这方面能给二者架起桥梁的就是政府。虽然地方政府出台了一些助推校企合作的地方性文件，然而政府的提倡只停留在政策层面，缺乏刚性约束机制。在鼓励措施方面，与传统意义上职业院校单一的教育模式不同，助推职业教育产教融合需要不同行业企业的积极参与，协助职业院校开展教育活动。但是，由于目前政府机构所出台的政策在内容设计上较为宏观、缺乏强制性，在产教融合深入发展阶段无法规范企业的参与行为，所以不少企业在校企合作教育开展过程中仅仅关注自身的经济利益，不愿主动融入职业院校的人才培养过程，校企之间缺乏更深层次的交流，难以体现产教融合发展的现实意义。在各种制约因素的影响下，当前职业教育产教融合制度建设依然存在诸多不足，尤其在鼓励措施、管理机制、法律和法规建设等方面，难以为产教融合的顺利开展提供保障。尽管自2014年起，国家针对教育发展现状，在产教融合政策制度建设方面投入了大量精力，国务院也在《关于加快发展现代职业教育的决定（2014年）》中明确强调了在职业教育发展中落实产教融合的重要性，充分肯定了产教融合的价值，但在产教融合发展的相关法律和法规建设上较为滞后，致使不少地方职业院校在与企业合作时，无法通过法律途径维护自身的权益。

在管理制度和模式建设方面，作为一个系统的发展工程，产教融合的深入实施需要职业院校、地方政府及社会企业三大主体的相互协调及配合。政府部门作为协调性机构，应在实际发展过程中发挥自身的组织协调作用，通过建立相关制度，明确职业院校、行业、企业等主体在产教融合实施过程中的地位、责任分工，监督校方、企业单位工作的落实。尽管职业教育产教融合政策出台以后，教育部门在职业教育法中明确了政府、职业院校及企业的责任，但没有详细规定各组织机构的具体责任内容，致使国内产教融合政策实施时存在缺乏主体或主、客体颠倒的情况。此外，与其他经济政策类似，产教融合政策的实施也需要国家法律和法规的保护。传统的学校教育制度偏重于院校自身发展而忽视了面向经济建设的发展。这导致在理念和认识上存在诸多误区，各地各院校对产教融合缺乏共识。

有人认为校办产业就是产教融合，有人主张产教融合就是办"校中厂""厂中校"，有人觉得企业的逐利性与学校的公益性之间具有不可调和的矛盾，产业与教育是不可能实现融合的等，正是基于此，对高职教育深化产教融合缺乏应有的重视。2016年，国务院教育督导管理协会为引导高等职业院校加强内涵建设，促进产教融合、校企合作，将全国高等职业院校评估的主题确定为"高等职业院校适应社会的需要能力评估"，将企业参与高等职业院校办学、共同育人和服务经济社会等指标作为评估的重点，以推进高等职业院校提高人才培养和服务地方经济社会发展的能力。但从现实状况看，这一评估主题并未像"高职高专院校人才培养工作水平评估"和"高等职业院校人才培养工作评估"等评估工作那样更加引起高等职业院校的重视,很难真正发挥好助推价值。配套政策与评价体系不足,使得企业方面缺少动力。

目前,国家和地方在职业教育产教融合方面的法律和法规建设上仍显薄弱,相关条款的力度、操作性与约束性也存在不足。在此情况下,产教融合往往容易流于表面、不够深入,企业参与高职教育的驱动力欠缺、有效性不够,存在浮躁、急功近利的现象。高职教育深化产教融合的政策体系、标准体系、统计体系、绩效评价等亟待加快形成。尤其是当前大数据已成为国家重要基础性战略资源,正发挥着引领全局、覆盖全面、贯穿始终的独特作用,引导着人财物等各类资源各尽其用。在此背景下,更加需要加快完善统计、分析与评价体系,及时反映产教融合的水平与效益。2017年,国务院办公厅发布《关于深化产教融合的若干意见》要求"积极支持社会第三方机构开展产教融合效能评价,健全统计评价体系",并要求"强化监测评价结果运用,作为绩效考核、投入引导、试点开展、表彰激励的重要依据",若能够加快落地,将对深化产教融合突破瓶颈发挥重要的作用。产教供需的双向对接困难重重,市场的优秀力量难以进入职业院校专业教学。产教融合的育人价值在于把产业升级的先进技术、先进工艺等融入教育教学资源与教育教学过程中,使专业教学能够不断对接产业发展、服务产业发展。但是,由于高等职业院校体制内教师的专业能力往往难以适应产业升级和技术高速与高质量发展的要求,加上繁重的专业教学课时压力,所以专业教师既缺乏对接产业发展的能力,也缺乏吸收产业先进技术元素的时间和动力。而行业企业和社会培训机构在面向市场、对接产业升级和技术发展方面具有优势,作为体制外的存在,要以灵敏的嗅觉与快速反应才能生存和发展,它们可以为高等职业院校面向市场、对接产业发展需求提供优质的课程资源和教学服务。但是,由于市场治理结构还不完善,既缺少体现市场合作和产业分工的专业化教学服务组织,也缺乏引入这些市场优秀力量的动力和机制。

(2)合作模式单一,合作内容不深入

应用型本科高校要实现人才培养、终身教育、技术创新、社会服务等功能,必须与行业企业紧密结合,与地方社会经济发展实现良性互动,校企合作、产教融合应贯穿于人才培养的全过程。校企合作的深度和广度直接关系着人才培养产教融合水平的高低和高等职业教育社会功能的实现。然而现阶段我国地方应用型本科高校正处于转型发展的初期阶段,校企合作主要局限于共建学生实习基地、订单式培养、岗位实操等,转型较快的院校引企入校建立校中厂或引校入企建立厂中校,但总体来看,合作模式比较单一,合作内容不够深入、系统、实在。出现这种局面的原因是多方面的,主要是校企双方对合作内涵和意义认识不到位,没有建立起合作的长久的发展制度和约束机制,企业出于自身的原因对合作缺乏动力和热情,地方高校对校企合作准备不足,没有制定出科学合理的校企合作方案。

作为实施政策的协调组织及监督机构,政府部门在职业教育产教融合政策的实施中有着决定性影响。在经济法律文件中,没有针对校企合作、产教融合出台专门规定,也没有建立学校与企业之间经济利益的分配标准。虽然国家在产教融合的政策建设上做出了大量的努力,并于2017年12月国务院办公厅出台了《关于深化产教融合的若干意见》,其中对强化企业重要主体作用做出了相关的任务分工,但从分工内容上来看,仅仅进行了宏观层面的规划指导,在具体的制度建设上还有很长的路要走。一旦具体制度建设无法跟上产教融合的发展步伐,将很难引导校企双方走规范化合作道路。尽管在国家的号召下，教育部门现已通过文件发布的形式，进一步完善了产教融合发展政策，要求校企加强交流与合作、共同培养更多高素质的技术技能型人才，但现有政策文件在内容设置方面多以鼓励、倡导为主，缺乏执行层面的引导性政策，导致校企双方难以在产教融合实施过程中形成默契。实践表明，产教融合的深入发展必将涉及不同主体资源的整合，在整合过程中因不同主体而考虑的侧重点不同，正是基于此，在校企合作的责任、权利及利益分配上极易出现分歧，需要国家通过法律和法规给予明确规定，保障校企合作更加有序。然而，至今国内立法机构尚未针对职业教育产教融合建立一套较为完整的法律制度体系，仅有国务院相关部门、地方的法律和法规有一些提及。此外，实际调查发现，尽管诸多职业院校在多年的产教融合尝试中已经积累了丰富的发展经验，但仍然没有权威机构建立一套完整的指导性手册，以明确企业参与职业院校人才培养的具体要求，指出企业可享受哪些方面的特权、需承担哪些义务及责任。法律、制度及政策方面建设迟滞，使得不少职业院校在产教融合发展中难以与企业建立长久合作机制。由上述情况可见，当前政府部门在职业教育产业融合发展的政策推广方面存在诸多不足，致使不少职业院校还未全面了解产教融合发展的实质内涵。整体来看，目前政府机构在产教融合推广方面的不足主要体现在以下几个方面：

第一，未能及时根据校企合作的现实状况出台相关管理机制，明确校企双方的分工。

第二，未将职业资格证书与人才培养的关联性体现出来，致使校企双方的合作缺乏规范性。

第三，政府机构还未明确自身在校企合作中的地位，未将组织协调作用发挥出来。

第四，尚未根据社会主义市场经济情况，建立社会化评价体系，尚未对参与产教融合企业的资质进行客观评价，确保校企合作产教融合的水平。

多方面的不足导致校企双方在实际合作中流于形式，难以形成真正的默契，无法合力培养高技能型人才。

缺乏法律保障。在产教融合、校企合作中，对于校方与企业的责任和义务、风险与收益、资质与范围等内容没有明确的法律规定，学校、学生和企业在产教融合中的合法权益得不到保障，产教融合难以顺利开展。

缺乏组织保障。学校和企业之间缺乏沟通的桥梁和协商的平台，没有统一的组织协调部门，导致产教融合难以大规模、高效率、有条理地开展。

缺乏制度保障。一方面，高等职业院校缺乏产教融合的制度保障。大部分高等职业院校都处于产教融合的探索阶段，在学时分配、教员配置、资金投入、学生考核等方面都缺乏制度规定，导致产教融合难以走规范化道路。另一方面，地方政府、企事业单位和教育行政部门缺乏对产教融合的指导性文件，导致产教融合缺乏理论指导和行为规范。

受到传统教育观念的影响和办学条件的限制，部分高等职业院校还没有形成产教融合的意识，仍然坚持"重理论、轻实践"的教学理念，在课程设置、办学模式、师资力量等方面的条件无法满足产教融合教学的需求，给产教融合教学模式的构建与实施带来困扰。

课程设置不够完善。高等职业院校在专业设置、课程内容、课程结构等方面存在较大缺陷，专业设置存在盲从、跟风、墨守成规等问题，导致学科发展无法满足企业需求，学生就业困难；课程内容存在教材陈旧、技术落后、知识更新缓慢等问题，导致理论知识的传授与企业实践脱轨；课程结构存在课时分配不合理、理论无法联系实际等问题。

办学模式创新不够。高等职业院校在办学模式上，一是过分强调整齐划一，缺乏行业特色、无法满足企业具体需求。二是基础设施落后，无法带领学生积极开展教学实践。三是战略定位落后，没有带领学生参与社会实践、走进工作岗位。

师资力量不够。产教融合要求教师不仅要具备深厚的专业理论知识，更要具备丰富的职业经验和良好的专业技能。高等职业院校教师能否完成思想观念上、角色位置上和业务能力上的转变，满足产教融合的需求，成为产教融合能否顺利开展的关键。

目前，许多企业还没有意识到产教融合能给企业带来的切实利益，认为校企合作就是将企业作为学校的实训基地，履行培训学生的职能，无法为企业创造价值。对于产教融合在助推企业创新、提高员工素养、提高生产水平和效率等方面的作用持不乐观的态度。

（3）在合作对象的选择上存在误区

在社会主义市场经济背景下，行业之间的分工日益明确，企业的生产功能与学校的教育功能逐渐划分出明确的界限。在行业竞争压力日益激烈的今天，不少企业缺乏参与产教融合的发展动力，即便是响应国家政策来参与职业院校产教融合，也多半是浅尝辄止，不愿与校方展开深入合作。作为以盈利为发展宗旨的企业，以追求利益最大化为主要目标。校企双方在合作对象选择上都存在认识误区和实践误区。很多地方应用型本科高校在校企合作方面，往往急于求成，片面追求高大上，把目标瞄准域外大型行业企业，追求轰动效应，满足虚荣心理，结果由于自身条件和区位限制，合作效果不佳。从企业行业来看，企业在选择合作对象时，往往患得患失，追求短期利益，缺乏长远战略。由于地方高校处于转型发展的初期，能够为企业提供直接利益的能力有限，所以企业在短期利益驱动下不愿承担校企共育人才、扶持地方高校发展的社会责任，即使合作也更愿意选择那些科技研发能力强、人才培养产教融合水平高、能够带来直接经济利益的老牌高校。由于校企双方合作理念、合作目的相左，利益相悖，如果缺乏约束机制，校企双方很难走到一起，即使勉强合作，也不会有好的效果。尽管从表面看来，由于人才培养需要耗费大量的人力、物力及财力，所以不少企业在实际发展过程中，并不愿意将人才培养纳入产业价值链，更倾向于借助产教融合与校方展开合作，以此降低自身的人才培养成本。但发展事实表明，企业与校方开展合作并非"免费"，它们也需要向学校提供大量的资金、设备，为职业院校教学活动的开展提供保障，甚至也会定期到校参与学校举办的实践课程教学，这也将耗费大量的资金。正是基于此，与和校方合作相比，企业更倾向于将设备及资源用于内部人才培养上，这样一方面能体现自身的人性化管理，提升对优秀人才的吸引力。另一方面也能将资金用于购买专业化设备或直接投放到生产一线，为企业带来经济利益。国内不少发展较为成熟且资金较为雄厚的企业，若非考虑企业社会形象的塑造及企业品牌知名度的提升，并不愿意主动加入职业院校的产教融合发展队伍。与此同时，反观我国多数中小型企业，出于运营资金的压力，在转型升级阶段一般只有在岗位需要人才时才会招聘，平时并不注重人力资源的储备，也没有将更多的精力和财力放在产教融合发展中。大型企业的不屑及中小企业的力不从心，使职业教育产教融合陷入进退两难的局面。此外，职业院校作为以培养技术技能型人才为主的组织，与其他普通院校相比，在理论创新方面较为薄弱，也难以给处于转型升级中的企业带来具有潜在商业价值的思想。学校以培养人才为主要目的,强调"过程比结果重要";企业则强调"结果比过程重要",认为能为企业带来经济利益才是关键。这两种相反的思想主导的规章制度,若用于对同一群学生的培养,必然出现冲突,加剧校企双方的矛盾。在诸多因素的制约下,企业参与职业教育产教融合的积极性和动力不足。

虽然大型企业愿意为学生提供顶岗就职的机会,但因现有的技术能力有限,岗位实操结束以后能留岗就职的学生数量较少,所以不少企业参与产教融合的资金投入与收入难成正比,反而给其生产埋下了诸多安全隐患,这致使校企双方在合作过程中难以实现共赢,也导致企业在产教融合发展过程中的积极性不高,不愿意投入过多的精力和资金成本。除以上两点因素,校企双方的文化差异,也是当前不少企业不愿积极参与产教融合的主要因素。

(4)校企合作的经费难以保障

校企合作是一个复杂的系统工程,校企双方联合进行科技研发,共建科研和学生实训平台,都需要投入大量的人力、物力和财力。但现状是,国家和大多数地方政府鼓励和助推校企合作的奖励拨款制度和财政拨付机制还不完善,国家对企业深度参与职业教育的职业教育税费、信贷优惠政策还没落实到位,社会捐助渠道也不畅通。从企业层面来看,按照校企深度融合共育人才的要求,企业应当全程参与教育,对人才培养投入一定的人力、物力资源,但是目前的校企合作关系设计多以学校为中心,无法保障企业在合作中获益,导致企业的积极性不高。从高校层面来看,部分经济发达地区的高校,经费比较充裕,而那些经济欠发达地区的高校,经费本身就不充裕,投入有限,校企合作的深度难以保证。作为行业发展的指导性组织机构,行业协会对于经济社会行业发展有促进作用,能够根据社会主义市场经济的变化完善岗位职能。目前，我国政府为了保证经济的有序发展，通过政策文件的发布强化了自身的管理职能，在很大程度上削弱了行业协会的指导职能，无法为产教融合发展保驾护航。尽管在产教融合实施阶段，教育部门出台了一系列政策性文件配合行业协会开展工作，但取得的效果并不尽如人意。另外，在我国相关法律文件中，行业协会在职业教育发展中的指导地位并未得到保障，没有充分体现其社会价值。之所以产生以上问题，除了国家法律规定缺位，也侧面反映了国内行业协会自身发展的不足，尤其体现为对行业岗位标准及课程标准建设的指导作用有限，在助推职业教育产教融合上缺乏相应的法定职能。截至 2022 年，全国已成立 11.39 万个行业协会，大致可分为中央、省级、市级与县级四大层次，在少数民族地区也相继开设了自治行业协会，为市场行业的有序、协调发展做出了巨大贡献。然而，在科技创新及商业运营模式变革的双重引导下，国内职业岗位发生了翻天覆地的变化，致使国内行业协会难以根据市场发展走势，给出更为详细的职业标准，协助企业发展。职业教育产教融合涉及的内容较为丰富，除基本的人才培养以外，还需协助企业开展技术研发、产品创新等工作。日益丰富的教学内容和人才培养模式虽为职业院校教学产教融合水平的提升提供了发展路径，但也意味着需要投入更多的启动资金。职业教育产教融合如果仅仅依靠政府有限的经费投入往往难以为继。由于目前尚未建立与之配套的资金投入保障制度，加上科研创新存在诸多偶然性及不确定性，所以大部分企业不愿意将大量经费注入职业院校产教融合实践中，开展的诸多科研工作也时常因为经费问题陷入困境。现阶段如何确保职业教育产教融合资金的稳定投入，已成为业内人士探讨的核心问题。如果该问题不能及时解决，势必导致职业教育产教融合的价值大打折扣。

(5)双师型师资队伍建设滞后

校企合作需要校企双方共建一支具有双师素质的高水平师资队伍,很多转型发展的地方高校已经采取多种措施开展双师型队伍建设,但就现状来看不容乐观。很多地方高校刚从职业院校转为应用型高校,原来的师资以理论知识的传授为主,无法适应实验、实践等实践型人力资源的培养工作,更谈不上和行业、企业联合进行科技研发等应用型科学研究,服务地方社会经济发展的能力有限。而企业师资虽然实践动手能力强,但多数理论功底不足,并且缺乏从事高校教学的基本技能和方法训练。师资队伍的薄弱严重制约了产教融合的深度和广度,影响了实践型人力资源培养的产教融合的水平。

(6)产教融合的水平保护机制和评估体系的缺位

有的学校即使制定了管理制度和产教融合的水平标准,在执行过程中也存在这样那样的问题,导致有章不依。例如毕业实习,很多高校学生实习时间长达一年,但如何对学生实习尤其是分散实习进行有效管理、如何规定高校和企业指导教师的职责、如何评价实习效果等问题还没有得到很好的解决。产教融合的水平保障机制和评估监督体系的缺位和不完善,导致目前大多数高校的校企合作处于散乱无序的状态,更谈不上保证产教融合的水平。

从目前的情况看,校企合作各环节如专业设置、师资队伍建设、实验室建设、课堂教学、就业前实践、毕业设计都缺乏与实践型人力资源培养相适应的产教融合的水平标准和规范的管理制度。

第三节 产教融合发展路径的必要性分析

根据中共中央办公厅、国务院办公厅于2014年印发的《现代职业教育体系建设规划（2014—2020年）》，我国现代教育体系除基础义务教育外，还分普通教育体系、职业教育体系、继续教育体系三部分。普通教育体系包含普通高中教育、普通本科教育、学术学位研究生教育三部分。初等职业教育、中等职业教育、高等职业教育构成职业教育体系，高等职业教育里面分高职专科、应用技术型本科、专业学位研究生三个层次。高职教育是高等教育的重要组成部分，是高层次职业教育。教育部《关于加强高职高专教育人才培养工作的意见》（2000年）（以下简称《意见》）指出：高职教育的培养目标是"培养拥护党的基本路线，适应生产、建设、管理、服务需要，德智体美等方面全面发展的高等技术应用型专门人才；学生应在具备必备的基础知识和专门知识的基础上，重点掌握从事本专业领域实际工作的基本能力和基本技能，具有良好的职业道德和敬业精神"。《意见》同时指出："高职教育要以培养高等技术应用型专门人才为根本任务，以适应社会需要为目标，以培养技术应用能力为主线设计学生的知识、能力、结构素质和培养方案，毕业生应具有基础理论知识适度、技术应用能力强、知识面较宽、素质高等特点；以应用为主旨和特点构建课程和教学内容体系；实践教学的主要目的是培养技术应用能力，其在教学计划中占较大比例；要有一支'双师型'教师队伍；学校与社会用人部门结合，理论与实践结合是基本途径。"该《意见》对高职高专培养方案、知识体系、技术技能、师资培养、培养途径等方面做了明确要求。《教育部关于以就业为导向深化高等职业教育改革的若干意见》将培养目标定义为"坚持培养面向生产、建设、管理、服务第一线需要的'下得去、留得住、用得上'、实践能力强、具有良好职业道德的高技能人才"。该意见对高等职业教育培养目标明确指向为面向基层一线培养人才。

纵观我国高校产教融合,校企协同是高等职业院校开展高校的大学生双创教育重要的保障机制。高校的大学生双创教育发轫于20世纪80年代末期,我国已有30多年的探索和积累,已经将其纳入高等教育体系。就高职教育而言,我国高职教育在20世纪末才得以高速和高质量发展,在21世纪初,形成办学规模,与本科教育相比高校的大学生双创教育起步晚,职业院校的大学生双创教育的理论研究和实践尚未融入人才培养的全过程教育机制。

随着国家创业带动就业的战略推进和构建产教融合的现代职业教育体系的提出,高校的大学生双创教育在中国又发展到了一个新的转折点。对照产教融合、构建现代职业教育体系的要求,职业院校的大学生双创教育要注意以下几个方面。

一、提高人才培养产教融合的水平、提升办学水平的需要

技能和职业素质的培养一定要具备以下四个基本条件:

第一,有丰富工作经验的老师(师傅)。

第二,有一定的职业环境。

第三,有工作岗位这个载体。

第四,经验积累。

在技能培养过程中,学生要在老师手把手指导下,在工作岗位上接受长期的磨炼,积累经验,才能不断成长。正是基于此,传统的培养方式已经不能适应高职教育,只有通过创新培养模式,使高等职业院校和产业深度融合,通过"五个

对接",才能培养出高技能人才。

职业院校的大学生双创教育在20世纪90年代初期刚刚起步,发展至今,已经取得了一定成效。行业、企业本是职业教育最大的受益者,也应是办学主体之一,但对推进高校的大学生双创教育关注度低,在校企合作中难以提供实践平台,尚未建立培训和实践支撑与服务体系。但是,目前职业院校的大学生双创教育主要以学校实施为主,主要教育实践活动还没有参与社会实践,尚未形成政府、行业、企业和高校多主体协调推进的机制。政府层面虽然已经出台了一些推进高校的大学生双创教育的政策,但是与社会、行业和企业相关的创业优惠政策难以真正落到实处,缺乏法律保护机制,也缺少创业资金支持。

二、行业企业发展需求

部分高等职业院校对高校的大学生双创教育认识存在偏差,没有将其定位为适应经济社会和国家发展的战略需要。调查显示:大多数高等职业院校的大学生双创教育依附于就业教育,将其作为提高毕业生就业率的一种手段并和创业混为一谈,只是简单地向学生传授创业知识和创业技能,未能形成重视创业实践体验的、完整的高校的大学生双创教育课程体系。如果说机器设备等固定资产等因素决定行业企业发展空间的下限,员工产教融合的水平、员工素质则决定行业企业发展空间的上限。培养出高技能人才应是学生有较高素质和技能,一毕业就就业,一进厂就上岗,实现就业零距离。目前,我国职业教育已经在推进产教融合中形成了"订单式"培养、工学交替、校中厂、厂中校、"政、校、企"联动等校企合作育人模式,形成了"合作办学、合作育人、合作就业、合作发展"的校企合作人才培养理念。用人单位也节省了一大笔新员工上岗培训费,降低了企业成本。

员工技术好、素质高一定能带动生产水平和效率的提高，提高经济效益。高校的大学生双创教育被联合国教科文组织称为教育的"第三本护照"，和学术教育、职业教育具有同等重要的地位。高校的大学生双创教育作为一种教育体系，必须结合和渗透到现有的高职教育体系之中。但是，高等职业院校的大学生双创教育在顶层设计上还没有依托产教融合、工学结合的平台，融入高职人才培养体系，作为建设产教融合职教体系的重要组成部分，在制订专业教学计划时未能把创业意识培养、创业素质的提升作为高校的大学生双创教育的主要内容融入专业教育教学过程之中，渗透到理论和实践教学的课程体系，落实到各个环节，形成与工学结合有机融合、校企协同全过程培养人才的高校的大学生双创教育机制。

三、社会经济发展由向人口要红利转变为向人才要红利的需要

我国改革开放以来社会经济建设取得了伟大成就，在一定程度上，人口红利贡献很大。随着我国实际劳动力人口拐点的到来，原有的发展路径难以为继，必须从"流汗模式"切换到"智慧模式"。这将构建政府、学校和社会三方新型关系，促进形成政府宏观管理、学校自主办学、社会广泛参与的新格局，支持社会、行业、企业以资本、知识、技术、管理等要素参与举办职业教育，从而建立健全政府主导、社会参与、办学主体多元、办学形式多样、充满蓬勃生机的高职教育办学体制，具备政府、行业、企业和高等职业院校等多方主体协同融合，推进校企全过程培养人才的特点。

正是基于此，加快转方式、调结构、促升级是以后一段时期的"新常态"。创造人才红利，实施创新驱动是今后社会经济发展的助推器。产教融合是教育制度，同时也是经济制度、产业制度的组成部分。

四、学生提升自我价值的需要

高职教育的职业性决定了学生能知晓所学专业对应岗位群,知晓通过三年大学学习能掌握何种技能,学习目标具体而明确。产教融合这种培养模式能激励学生学习积极性,有利于学生知识的构建、技能的掌握,更有"获得感"。另外,学习目标的明确可以更好地激励学生学习,在有效的动力助推下,学生具有更强烈的存在感,进而提升自我价值。

第三章 高校产教融合的内容和运行

第一节 高校产教融合的内容

一、企业与行业层面

行业是经济统计使用的术语，2011年中国国家统计局修订的《国民经济行业分类》将我国的国民经济划分为20个行业门类：农、林、牧、渔业；采矿业；制造业；电力、热力、燃气及水生产和供应业；建筑业；批发和零售业；交通运输、仓储和邮政业；住宿和餐饮业；信息传输、软件和信息技术服务业；金融业；房地产业；租赁和商品服务业；科学研究和技术服务业；水利、环境和公共设施管理业；居民服务、修理和其他服务业；教育；卫生和社会工作；文化、体育和娱乐业；公共管理、社会保障和社会组织；国际组织。《国民经济行业分类》主要按照实体所从事的生产性活动对其进行分类，并不区分市场与非市场活动，所以很难根据行业分类分析行业公司的发展方向和利益。从社会组织的角度看，可以将从事生产性活动的行业组织分为政府、企业、非政府组织三大类。政府是行使国家公共权力的全部机构，包括：立法、行政、司法机关以及国家元首等。政府不以营利为目的，立足于国家和社会的整体利益，行使公共权力，提供公共服务和产品或兼具公共服务和产品属性的产品，其主要涉足的行业有：教育；卫生和社会工作；文化、体育和娱乐业；公共管理、社会保障和社会组织。企业是把人的要素和物的要素结合起来的、自主地从事经济活动的、具有营利性的经济利益团体，其涉及的行业几乎包括除国际组织以及公共管理、社会保障和社会组织两类行业之外的所有行业门类。非政府组织是依法建立的、非政府的、非营利性的、自主管理的、非党派性质的、具有一定自愿性质的、致力于解决各种社会性问题的社会组织，如中国红十字会、中国科学技术协会、救助儿童会等。由社会捐赠支撑的非政府组织，主要从事社会公益事业，涉及行业环境保护、社会救济、医疗卫生、教育、文化等行业领域。

（一）企业通过生产和交易追求经济利益最大化

分析企业的利益需求的基础在于明确企业的本质。企业的本质，指企业作为一种经济利益团体或经济制度，区别于其他经济利益团体或经济制度的特殊性，它集中讨论企业的起源和企业的边界两大问题。企业产生以来，人们对企业的性质进行了不懈的探索，形成了一些颇具时代色彩的观点。

古典经济学认为，企业是产业细化与协作的结果。社会经济逐渐从自给自足的整体生态经济发展到专业化的分工协作经济，从而衍生出了企业。亚当·斯密指出，劳动分工是经济增长的关键，企业是分工与专业化的产物[①]。同时，企业的边界受制于市场范围，这也被称为"斯密定理"。马克思则指出，在自给自足的整体生态经济状态下，社会生产的基本形式是个体小生产或家庭生产，生产的目的是满足家庭的需要，其生产规模狭小，几乎没有社会联系，因而不构成企业组织。进入资本主义之后，由于产业细化的发展，协作得到了长足进步，分工协作的资本主义生产实际上是同一资本雇用较多的工人，因而劳动过程是在扩大规

---

① 亚当·斯密.国富论[M].重庆：重庆出版社，2015.

模并提供大量产品之后才开始的。较多的工人在同一时间、同一空间或者同一劳动场所，为了生产某种商品，在同一资本家的指挥下工作，便构成了作为协作劳动组织的企业。

新古典经济学认为企业是一个通过投入产出来追求利润最大化的专业化生产组织。新古典经济学将企业视为由土地、资本、劳动力等生产要素联系起来的一个生产函数或"黑箱"，企业通过生产将这些生产要素转换为一定的产出，实现利润最大化。

企业契约理论强调企业的"交易属性"，认为企业是市场治理结构的替代物。罗纳德·科斯在其1937年发表的《企业的性质》一文中提出疑问，既然市场这只"看不见的手"可以实现稀缺资源的有效配置，那为什么还存在企业。他给出的答案是，利用市场治理结构配置资源存在交易费用，当利用权威配置资源的成本小于市场治理结构通过价格配置资源的成本时就会形成企业。换言之，企业是对市场的替代，企业的产生是为了节约市场交易的费用。张五常则从契约的角度指出，企业和市场都只是一种交易契约，与其把企业看作要素市场对产品市场的取代（市场交易的对象是产品，企业内部交易的对象是生产要素），不如说企业是一种要素契约对产品契约的替代。

企业能力理论强调企业的"生产属性"，认为企业的本质是能够生产"核心知识和能力"。企业能力理论包括资源基础理论、企业动力理论、企业知识基础理论、核心竞争力理论等一系列松散理论，主要从企业内含的"知识和能力"的角度分析企业的异质性，特别注意从隐含知识、技术、技能、生产过程、能力等内生性因素来理解企业自身的创新力及其竞争行为的多样性。如果说企业契约理论看到的是企业与外部组织在产品与服务方面的"交换"或交易,企业能力理论则看到了产品与服务在企业内部的"转换"或生产。

利益相关者理论认为企业本质上是"生产"和"交易"的联合。利益相关者理论指称,企业的利益相关者是那些失去其支持企业就无法生存的个人或团体,企业存在的目的必须综合权衡企业的众多利益相关者之间的利益关系,而不仅是为股东服务。企业的核心知识和能力的生产最大化的根本途径,是让企业的利益相关者参与企业的决策和管理,充分利用各方面的智慧和资源。较之股东单边治理,利益相关者共同参与企业治理,更有助于企业追求长期发展,减少员工的偷懒行为和企业的监督成本,降低企业的交易成本和代理成本。由此看来,企业兼具对外交易资源、对内生产资源的双重属性,既是一个具备交易属性的"关系契约网络",又是一个拥有生产属性的"能力集合体"。

综上可见,企业是生产和交易的联合体,公司的发展方向在于最大化其利益相关者的利益。企业的利益相关者包括:企业内部的股东、经理人、员工,企业外部的政府、消费者和相关的竞争与合作组织。和其他利益相关者组织一样,企业的实际运营,往往追求权力最大的利益相关者(通常是股东、经理人等决策者)的利益最大化。企业是典型的经济利益团体,经济利益是企业的核心目标,尽管一些企业的利益相关者在企业中并不仅仅追求经济利益。所以,企业的核心利益在于,通过生产和交易最大化地满足其利益相关者的经济利益。

(二)行业协会代表同行企业利益和政府管理

行业协会是同行企业为增进其共同利益所组织起来的一种非营利性的、非政府性的、自律性的社团法人组织,其组织结构有行业协会、商会、同业公会、联合会等。行业协会的功能在于降低行业内企业间的交易成本，以政府和市场之外的第三方的角色参与社会治理，协调行业内成员、行业与行业、行业与政府的关系。一方面，行业协会的基本价值导向聚焦于增进同行企业的共同利益。首先，建立行业协会本身就节约了同行企业间的交易成本，增进了行业会员的共同利益。从新制度经济学的角度看，建立行业协会的本质是为了减少交易成本，以协会内部的管理成本代替企业间经常发生的谈判、签约和履约的交易成本。其次，行业协会代表会员企业的利益。企业的本质追求是赚取利润，企业加入行业协会本能地出于增加自己利润的目的。加入行业协会，有助于企业获取本行业先进的管理方法和技术，了解同行企业的战略，从而提高自己的产品生产能力和市场份额。再次，行业协会可以将同行企业联合起来，防止会员企业之间盲目、过度、不公平地竞争，增加企业和政府、同行企业博弈的力量。最后，行业协会的自律，可以提高产品产教融合的水平，形成品牌效应，增强会员企业的信誉，扩大会员企业的利益。另一方面，许多行业协会是政府管理的延伸，肩负着一定的行政管理职责。行业协会产生的基本模式可分为"水平模式"和"垂直模式"。前者是完全以企业自发组织和自发活动自下而上、由内而外形成行业协会，其典型样本是美国的行业协会；后者是由政府运用行政权力自上而下、由外而内地助推协会的成立和运作，大企业起主导作用，中小企业广泛参与，其代表是德国、日本等国的行业协会。受计划经济体制的惯性影响，我国多数行业协会的产生属于"垂直模式"，具有明显的"官民二重性"或"半官半民"特点，处于政府和企业中间的行业协会的行为受"自治机制"和"行政机制"双重支配，行业协会不仅要从企业获取资源并维护同行企业的共同利益，还要从政府获取资源，接受政府的干预和控制，在一定程度上扮演政府宏观管理企业的"助理"。

(三) 行业企业从应用型高校产教融合中获利微薄

从应然状态或理论上看，高等学校和企业在人才培养、科学研究和社会服务方面的广泛合作，可以实现优势互补、互利共赢。企业在资金、场地、信息和社会资本等资源占有上处于优势，高等学校在知识技术创新、人力资本和社会服务方面具有优势。企业和高等学校的合作，既有利于企业从高校获得人力资本、原创性知识技术和社会服务等资源，从而为企业带来产品创新、劳动力供给、咨询等利益，也有利于高校从企业获得办学资金、实习实践场地、实践知识的传授经验等资源，从而拓宽高校的经费来源，提高人才培养产教融合的水平。

企业和高等学校的合作，是企业和高等学校生存和发展的共同诉求，也是知识经济时代经济发展的核心力量，因为科技是第一生产力，校企合作正好可以实现科技创新和技术转化的良性循环。从现实来看，企业和应用型高校合作并不一定能给企业带来理论上的丰厚收益，这是校企合作中出现"剃头挑子一头热一头冷"的根本原因。首先，一些劳动密集型的中小型企业和一些从事服务业的企业，基本不需要本科层次的大学毕业生和先进技术支撑，缺乏和高等学校合作的动力。这种情况，在中西部地区的非省会城市大量存在。其次，应用型高校对大企业没有吸引力。应用型高校的人才培养、科学研究和社会服务水平有限，很难吸引大企业的合作。一些大企业校企合作"门禁森严"，科学研究的合作对象基本为"985""211"大学，近十年来所招聘的人才也几乎是"985""211"大学的毕业生，甚至还不乏"海归"和博士。从国外应用技术大学的发展经验看，应用技术大学的校企合作主要针对中小型企业。再次，政府缺位。校企合作的结果存在外部性，政府的政策支持可以促使这种外部性内在化，甚至校企合作的长期收益需要政府的短期高投入激励。然而，部分地方政府在校企合作中的缺位，造成企业无法从校企合作中看到能激励其主动合作的收益。最后，应用型高校在校企合作中存在许多"败德"行为，如科研成果无法满足企业的实际需求、学生毕业后不在实习单位就业等，这直接导致企业的利益无法得到保障，很多校企合作成为"一次性博弈"。

从应然状态或理论上看，行业协会作为同行企业的代表和政府管理的延伸，应主动为政府和企业的合作搭建桥梁，这样既能为同行企业从高校中争取资源和利益，也可以弥补政府缺位，帮助政府促进校企合作。从现实来看，行业协会并没有促进企业与应用型高校合作的能力和动力。一方面，我国的行业协会发育不足，多为松散组织，没有能力在应用型高校和企业的合作中发挥实质作用。改革开放之前，我国实行的是高度集中的"部门管理制度和模式"，行业发展规划和目标主要由行政手段确定和实施，企业是执行行政命令的机构，而不是自主的经济实体。在这种情况下，行业协会也丧失了存在的空间和必要。改革开放以来，各行各业纷纷组建了大量的行业协会。然而，行业协会管理制度和模式的落后和企业利用行业力量的"消极"意识形成了恶性循环，导致现有的行业协会绝大多数是有名无实、形同虚设，根本没有能力协调企业和应用型高校之间的关系。另一方面，校企合作对行业协会来说，根本无足轻重。从行业协会的章程看，行业协会的主要职能在于协调企业和政府以及企业之间的利益关系，校企合作属于非必要公益事业和社会责任，是行业协会最不重要的职能之一。除非有政府的行政助推和行业内企业的利益驱动，否则行业协会根本没有时间和兴趣关心企业和应用型高校的合作。

二、学校层面

学校管理人员通常归属于一定部门或机构，在行政管理层级的驱动下，他们必须把上级的想法和意愿而非其服务对象（学生）的想法和意愿放在第一位，所以其更关注领导认可而非学生尊重。另外，学校管理人员同经济领域中的人一样具有"经济人"特性，他们关注自己的自我实现、工资福利、职位晋升和本职工作，关注所在部门的利益获得，希望通过扩大自己及其所在部门的利益，提升自己的人生幸福感。此外，应用型高校的学校管理人员比较注重精神需求的满足，这是因为绝大部分的学校管理人员，已基本解决物质需求问题。

学校管理人员的行政级别对其产教融合动力影响显著。科级和处级的学校管理人员的产教融合动力差异显著；科员和处级的学校管理人员的产教融合动力差异显著；科级和处级以上的学校管理人员的产教融合动力差异显著；处级和处级以上的学校管理人员的产教融合动力差异不显著；科员和科级的学校管理人员的产教融合动力差异不显著，科员和处级以上的学校管理人员的产教融合动力差异不显著。需要说明的是：

（1）科级与处级及处级以上的学校管理人员的产教融合动力差异显著，可能是由于科级和处级及处级以上的学校管理人员在职位、权力等方面差异较大。实际上，应用型高校属于地方普通本科高校，其党委书记和校长为正厅级，副书记、副校长和纪委书记是副厅级，下设的职能部门（部、处、室、办）、教学机构（学院、直属系）和教辅机构（中心、馆、所、站、院）的级别是正处级，分设一个正处长和两到三个副处长，在这之下又分别设有科室的科长、副科长和职员。其中，科级同处级及处级以上的学校管理人员在数量、职责和权力上有很大差距。

（2）处级和处级以上、科员和科级的学校管理人员的产教融合动力差异不显著，可能是因为处级和处级以上的学校管理人员同属于学校的高层管理人员，而科员和科级的学校管理人员同属于学校的底层管理人员，高层和底层的内部异质性不突出。

（3）科员和处级以上的学校管理人员的产教融合动力差异不显著，而处级以上的学校管理人员的问卷最少，双方在数据分布上的差异不大。

通过对学校管理人员的利益获得均分和其产教融合动力得分进行回归分析发现，学校管理人员的利益获得与其产教融合动力呈正相关关系，即利益获得越大，产教融合的动力越高。需要指出的是，应用型高校深化产教融合给学校管理人员带来的利益获得并不是很大。应用型高校深化产教融合无法显著改善他们的物质需求、精神需求和社会需要的满足情况。相反地，应用型高校深化产教融合还加重了许多学校管理人员的职责和工作量。这意味着，在学校管理人员利益获得与其产教融合动力呈正相关的情况下，学校管理人员有限的利益获得，将降低其产教融合动力。

三、教师层面

从教师的成本—收益分析看，应用型高校深化产教融合短期内增加了教师的教育教学成本，降低了教师的利益剩余，不利于调动教师深化产教融合的积极性。应用型高校深化产教融合大幅增加了教师的工作量，却没有相应地提高教师的薪酬。总体来看，应用型高校深化产教融合，改革的重点和难点在教师。应用型高校深化产教融合对教师提出四点要求：更新教学内容、改革教学方法、参加校外培训和侧重应用研究，这都会增加教师的成本。更新教学内容，意味着教师要根据产业发展和生产一线的实际重新备课，打破教材体系，自主构建教学内容；改革教学方法，意味着教师要很大程度上减少使用成本较低的讲授法，更多地使用一些耗费时间、精力且难度更大的案例教学法、发现教学法、程序教学法和实验教学法等。参加校外培训，意味着教师要适应新的环境，放弃假期的闲暇和收入。侧重应用研究，意味着教师要慎重选择研究问题，将探索与发展知识的传授相结合。可以说，应用型高校深化产教融合的结果，让教师这份职业变得更不轻松，教师整体生态成为改革最大的反对者，这种反对的表现形式可能不是集会或者"发声"，而更多的是一种改革中的"不作为"或"假作为"。严重的是，应用型高校深化产教融合直接关系到教师的"去留"。深化产教融合，要求应用型高校根据地区产业发展需求调整学科专业设置，缩减甚至取消部分不适应产业发展需求的专业。过去，应用型高校的学科专业是因教师而设，即因为学校聘请了某学科专业的教师，所以学校要报请教育主管部门开设相关的学科专业，进而再招收学生。现在，应用型高校的学科专业是因产业发展需求而设，专业的背后是教师，调整专业的潜台词是调整教师，让被调整的教师"转业"或"失业"。

虽然从长期来看，教师与学生、学校休戚相关，教师深化产教融合有利于提高人才培养产教融合的水平，促进学生就业，增强应用型高校的市场竞争力，从而增加自身的福利——获得尊重、稳定工作、晋升职位和增加薪酬等。但是，从短期来看，大学教师属于高层次知识分子，传播和创新知识以及提高精神境界是大学教师的职责与追求，所以其比较注重求知和道德修养等精神需求的满足。同时，教师是教学的引导者，教师教学的对象是学生，教师在工作中接触最多的也是学生，教师理所当然希望获得学生的尊重。从人的"经济人"特性看，教师和其他行业企业的职员一样，追求基本的物质需求，也希望能自我实现、获得领导认可和职位晋升，同时履行好自己的责任，所以大学教师的利益需求也多是以自我为中心的。此外，由于应用型高校的教师的收入有限，所以他们比较看重物质需求的满足和个人利益的实现。应用型高校深化产教融合，增加了教师的成本，伤害了教师的利益，且没有为教师提供相应的奖励或补偿，降低了教师的产教融合动力。

四、学生层面

大学生是拥有教育需求的求学者，有较强的求知欲，渴望通过学习提升自己的能力，促进自己的发展，所以比较关注精神需要的满足和自身能力的提升。另外，大学生也具有"经济人"特性，希望通过大学教育提高自己的收入，进而过上幸福的生活，而且他们的物质需求相对迫切，所以比较关注工作、收入等基本生活需要。

应用型高校深化产教融合主要是通过学校变革促进学生的发展和地方经济社会的发展，学生是产教融合最主要的受益主体，本该具有较强的产教融合动力。然而，调查发现，不少学生对产教融合持漠不关心的态度。出现这种情况的原因有三点：一是应用型高校深化产教融合短期内无法显著提升学生的就业水平。1789年，德国学者席勒在耶拿大学的一次演讲中指出，在大学中存在两种类型的学生：一种为谋生而求学；另一种是为学术或学问本身而求学。在席勒看来，谋生型求学者学习的目的仅在于得到好的职业，改善其物质情况，满足其追逐名誉的需要。反对大学中功利观念的席勒提倡学生应追求学问及探究与整合本身，而不是将其视为达到世俗目的的手段。然而，席勒的主张可能更多地适用于古典的研究型大学，在现实的应用型高校之中，大量学生是为谋生而求学的，更直接地说是为找到可以为其带来丰厚收入、名誉和社会地位的工作而选择读大学。但是，应用型高校的文凭价值有限，在高等教育劳动力市场供过于求的情况下，应用型高校深化产教融合很难在短期内提高其文凭价值，让学生找到好的工作。所以，不少学生对产教融合漠不关心，只希望尽快毕业。二是学生在应用型高校产教融合中处于被动的地位。在应用型高校产教融合的诸多主体中，政府属于助推者，学校管理人员属于改革方，教师属于改革对象，行业企业属于配合方，学生属于改革的受益方和服从者。从理论上说，学生不应仅是改革的服从者，而应充分维护自己的受教育权，给产教融合的改革方施加压力，并发挥主观能动性积极参与产教融合。实际上，在教学资源的提供者导向的助推下，学生及其家长几乎没有能力和权利监督学校提高教育产教融合的水平，只能被动地接受教育的低产教融合水平或者学校变革或好或坏的结果。如此，学生也很难发挥自身的主观能动性，难以积极参与到应用型高校深化产教融合的改革之中。三是学生也具有机会主义倾向，有着反对应用型高校深化产教融合的一面。学生不是完美的天使，他们同样追求享乐和不劳而获，希望尽可能轻松地通过考试和毕业，学生在求学过程中偷懒、蒙混、作弊的现象也屡见不鲜。其实，学生的机会主义倾向早已被人所认识，为此还制造出一系列抑制学生机会主义的措施，如惩罚教育和道德教育。

第二节 高校产教融合的常规运行与管理举措

一、明确内涵，理清产教融合相关工作职责与定位

大多数高校都设立了校企合作工作办公室或处室，但因校企合作几乎与学校所有工作都有千丝万缕的联系，所以这个部门与学校各部门工作协调难度较大，

工作开展较为艰难。究其原因是对产教融合、校企合作内涵理解不到位，对部门的职责定位不清晰。产教融合是地方高校实现人才培养标准与市场人才需求保持一致的最佳模式，融合的着力点应首先落脚于专业人才培养全过程。比如校企双方可经过深度沟通并就人才培养等方面达成"标准共定、方案共审、课程共建、师资共培、基地共用、资源共享、文化共融、人才共育"（以下简称"八共"）的深度融合共识。校企合作工作从过去理论和宣传层面聚焦到与专业相关的"八共"融合与共建内涵上面，全方位渗透并充分融合贯穿于人才培养全过程。合作方式可采取共建共培共研等多种形式。职责定位与划分方面，建议校企合作办公室或处室职责定位主要是协助学校统筹教学、科研、科技开发及双师型教师队伍建设等与校企合作相关的事宜；主要职责可以包括建制度、定标准、搭平台、抓服务、常跟踪、适评价、展成果、促研究八个方面。相关专业院系作为学校校企合作工作落实的负责单位，应紧紧围绕专业建设扎实推进"八共"建设与研究工作，同时提倡相关职能部门与二级学院就校企合作工作加强协作与沟通。

二、结合实际，做好产教融合相关工作规划

产教融合是多主体、多层次和多维度的复杂系统，它不是政策措施、外部环境和内部治理的简单集合，而是各类相关要素在新的作用机制下的有序重组。相关工作及成效都不可能一蹴而就，高校需要结合自身办学情况做好理性规划并分步实施。比如学校可将产教融合工作分为机制健全、内涵提升、品牌建设三个阶段去分步实施。

（一）机制健全阶段，探索以"学"为龙头的实验型融合

校企双方聚焦学生技术、能力及综合素养的培养，可以先期紧紧围绕学生"学"

的实习实训，共同设计实践教学实施方案。方案中摒弃以往拉锯式、放羊式或填鸭式的实践教学方式，本着务实、开放的态度，扎实通过合作解决实习实训的案例、项目、岗位、师资以及相关实习实训条件、标准、规范及培养体系等问题，尤其是生产性项目资源库的积累与研发，使实践教学规范、严谨、科学、有序，使学生通过案例制、项目制、岗位制的逐级训练，其能力及综合素养得以明显提升，并能在毕业时顺利入行、入企、入岗，以满足合作企业及社会用人需求。同时通过实习实训期间的协作，双方专家可以对整个专业的人才培养全过程共同反馈并把脉诊断，共同完善专业人才培养体系。在校企双方实践教学深度融合基础之上，可进一步拓展以"学"为主的专业或产业学院共建模式。同时双方要加强国家产教融合相关政策学习研究，制定并完善相关制度，比如合作过程中师资、协议及其他共投或共建资源等方面的规范管理；制定并完善校企合作质量评价指标体系；探索并创新校、地、企合作协同融合机制。学校要主动积极搭建与各大产业园区、行业协会、知名企业的良好互动平台等，力争每个专业（群）在相关产业园区遴选5～8家优质企业深度合作，学校重点或特色专业，其校企深度融合要一定程度地覆盖。全校基本形成和企业联姻、行业联盟、园区联动的协同互动局面。

（二）内涵提升阶段，探索以"产"为龙头的生产型融合

其主要任务是在解决学生"学"的基础上，优化管理机制，通过逐步承接合作方及社会外包商业项目等方式提升团队商业项目研发与生产能力，以及商业项目的运营与管理能力。在有实际产能和规模性岗位基础上，倒逼验证前阶段"学"的相关结合的有效性并修正相关合作模式、思路及做法，尤其对专业建设情况及效果的验证，设置专业预警及动态调整机制等，让所办专业与地方产业布局吻合，逐步形成紧密对接产业链、创新链的学科专业体系。

（三）品牌建设阶段，探索以"研"为龙头的研发型融合

其主要任务在"产"的经验积累和团队成长基础上，大力实施创新驱动发展战略，以特色专业为依托，共同打造科研团队及科技创新团队、校企协同共建研发中心、科技创新研发基地及创新创业平台等，鼓励自主研发，加强产业技术技能积累，加速高校科技成果向产业转化。甚至可以逐步推动成立相关行业的先进技术转移基地、区域特色产业共性技术的研发基地，提升学校在区域或行业的技术科技研发能力，为"产业"与"教育"深度交融奠定根基。同时不断积累并总结校企合作成果与经验，重点打造特色专业、自主研发产品等校企合作品牌，形成学校办学特色与亮点，以服务更广泛的区域及社会经济建设，也许高校的产学研一体化在此阶段能得以真正呈现。

地方高校完全可以结合自身办学定位、层次、条件及办学现状，认真调研并合理规划，但切不可急功近利、贪大图名、急躁冒进。

三、深度调研，设计科学、合理的评价指标体系

以校企合作工作目标为驱动，设计科学、合理的评价指标体系，作为对校企合作工作的绩效考核、表彰激励以及投入决策的重要依据。通过对工作的客观评价，工作开展规范、有序、高效，从而提高校企合作工作质量，促进人才培养质量全面提高。比如可根据教育部、国家发展改革委、财政部三部委所颁发的《关于引导部分地方普通本科高校向应用型转变的指导意见（2015年）》，重庆市教委、发改委、财政局2016年共同颁发的《关于引导市属高校向应用型转变的意见》（以下简称《转型意见》），以及相关部门制定的产教融合发展工程自评指标等

相关文件精神及要求，结合工匠精神、工程教育等核心理念及学校实际情况，对校企合作质量分析指标重构形成指标体系。比如某高校结合自身校企合作工作开展情况设计了7个一级指标、22个可量化的二级指标体系，如表4-1所示。

表 4-1　某高校校企合作质量评价指标体系[①]

一级指标	二级指标
治理结构	学术委员会校外专家比例 /%
	专业指导委员会校外专家比例 /%
校企共建实习实训基地	驻校合作企业 / 家
	校外实习基地 / 家
校企协同育人	校企合作专业覆盖率 /%
	校企合作订单班人数 / 人
行业企业参与人才培养方案	行业调研专业数 / 个
	企业参与论证人才培养方案 / 个
	企业参与申报论证新专业 / 个
行业企业参与课程教学改革	企业参与课程建设 / 门
	企业参与教材编写 / 门
	校企共建项目资源库 / 个
双师双能型师资队伍	双师型教师比例 /%
	3年行业企业工作经历教师比例 /%
	聘请企业兼职教师人数 / 人
	企业实践教师人数 / 人
产学研成果	产学研平台 / 个
	产学研团队 / 个
	产学研项目横向经费 / 万元
	创新创业微企数 / 家
	科技成果转移转化 / 万元
	产学研国际合作项目 / 个

评价体系不能只有简单的可量化指标，还需对具体各指标项逐一制定实施标准及细则。工作落实中也不能只对可量化二级指标简单汇总，还需通过对指标统计、比较与分析，最终形成单位《年度校企合作工作质量分析报告》。学校每年可根据《年度校企合作工作质量分析报告》制订来年校企合作工作计划，并针对相关问题提出解决方案，同时结合年度评价结果对优秀的校企合作单位、部门及个人进行奖励。

① 秦凤梅. 职业教育产教融合质量评价探索 [M]. 重庆：重庆大学出版社，2021.

通过该套指标体系对某高校连续三年的校企合作工作进行了跟踪与评价，总体感觉学校"校企合作、产教结合"办学特色日趋明显，校企合作品牌、层次及合作内容逐年得到加强，"双主体"合作模式逐步形成，校企共建"订单班"和"产业学院"数量及规模有较大提升。校企双方由原来的单主体单向的合作模式逐步走向共同制订人才培养方案、教学计划、实训标准及体系等，企业实实在在派技术骨干到学校承担一定量的专业教学任务、宣传企业文化。学生在学校和企业的"双导师"指导下，完成在企业的毕业实习，经考核合格，部分学生被合作企业录用。这些模式及方法的改革与创新，实现了职业标准与教学内容、教学过程与生产过程、企业文化与校园文化等方面的充分融合，激发了学生学习兴趣，使人才培养具有更强的目标性和针对性，学校和企业形成了从学生入口到出口的共管共育的双主体合作模式。

但从该校逐年的《年度校企合作工作质量分析报告》中也不难发现：结合人才培养定位与工匠精神，校企合作案例、项目资源库、工学结合岗位及条件建设还需加强；结合学科建设，校企合作与战略性产业和优势行业的紧密结合度还需加强；结合人才培养过程，校企合作工艺流程专业能力培养体系还需完善；结合双师队伍建设，专业教师参与校企合作的深度和范围还需加强，企业导师参与课程建设、教学方法等改革的力度还需加强；结合社会服务，学校发挥区域和行业技术中心作用还需加强，在技术共同研发、共建生产性基地等较高层次的合作方面尚未取得大的进展；结合社会支持，学校获得的企业捐赠、地方政府支持的项目较少，助推校企合作发展的社会资源缺乏，这使校企合作处于规模小、发展慢、层次浅、后劲不足等状态。

依据质量评价指标体系，统计、分析并编写的质量分析报告，客观、科学分析与评价了学校年度校企合作质量，为学校来年及以后产教融合、校企合作工作路线提供了参考方向和决策依据。

四、确保项目落实，加强项目跟踪服务与管理

学校应有常态的校企合作项目跟踪与管理制度，凡经学校签约或重点考察的企业都可以编号列入项目跟踪表，每个月对项目进展情况及问题进行定量或定性跟踪并上报校企合作工作领导小组成员，避免校企领导一见面，洽谈气氛异常热烈，签约造势影响较大，但具体落实时校企双方却渐行渐远，以至于彼此忘了合作初心。学校应定期组织校内各单位召开校企合作工作例会，组织合作企业及师生代表召开校企合作主题研讨会，组织政府、高校及社会各界专家召开校企合作学术交流会，通过会议持续宣贯以习近平新时代中国特色社会主义思想为指导的国家及地方关于产教融合的政策，统一思想、认识及行动，总结经验、成果与不足，发现问题并及时跟踪解决。对签约但没有实质合作内容或合作进展不大的项目及时进行约谈、调整，避免形式主义。校企双方只有发扬锲而不舍的主动、务实的精神与工作作风，跟踪并及时提供良好服务，才能使合作项目落地生根，助力学校人才培养及产学研一体化。

第四章　高校人才培养的产教融合模式

人才培养是高校的基本职能，产教融合的主要目的也应是通过产业与教育的融合，培养更多的符合社会需求的人才。关于人才培养的产教融合模式很多，比如订单式培养模式、企业顶岗实习模式、现代学徒制模式、工作室模式、教学工厂模式、产业学院模式、创新创业学院模式等。应用型本科高校可以根据自身学校的情况选择不同的人才培养产教融合模式，各专业也可以根据专业特点和学习时段，采用不同的人才培养产教融合模式。对应用型本科高校来说，比较典型的有现代产业学院模式、大学生创业园模式、工作室模式等。

第一节　现代产业学院人才培养的产教融合模式

现代产业学院是新时代产教融合的重要载体，是人才培养的创新模式，与传统的产业学院不同，现代产业学院更加适应我国经济新常态和产业转型升级发展的需要，应用型本科高校有必要深入开展现代产业学院的研究和实践。

一、现代产业学院的内涵和特征

（一）现代产业学院的内涵

关于产业学院的内涵，专家学者给出了不同的定义，主要有以下几个方面：

1. 产业学院是一种办学模式

孙振忠提出，现代产业学院是采用企业化管理方式、现代化治理结构、市场化运行机制、综合化功能定位的创新型办学模式。吴显嵘认为产业学院是一种校企联合创办职业教育机构的模式，是以学科或产业为载体建立的集专业教育与职业教育于一体的办学机构。

2. 产业学院是一种组织形态

高鸿指出产业学院的本质内涵是集人才培养与培训、技术研发、社会服务等多功能为一体的一种新型产教深度融合的育人组织形态。产业学院是一个共同体，是由大学、企业、学院共同组成的"命运共同体"，也是学生、大学教师、行业教师等组成的"学习共同体"。产业学院是立足区域产业发展，依托职业院校专业建设，以高质量人才培养为主要目标，整合院校和行业企业优势资源共同打造的产教融合、校企合作的"育人共同体"。

3. 产业学院是一个平台

2020年发布的《现代产业学院建设指南（试行）》对产业学院的定义是：产业学院是将人才培养、教师专业化发展、实训实习实践、学生创新创业、企业服务科技创新功能有机结合，促进产教融合、科教融合，打造集产、学、研、转、创、用于一体，互补、互利、互动、多赢的实体性人才培养创新平台。

学者们从不同角度诠释了产业学院的内涵，都非常准确。可以看出，产业学院既是一种办学模式，也是一种组织形态，更是一个产教融合的平台。何谓现代产业学院？现代产业学院应是在经济新常态、产业转型升级及推进教育现代化的背景下，以产教融合为主要办学模式，重点在专业建设、课程开发、实习实训基地建设、教师队伍建设、产学研服务平台搭建等方面，以高校为主导，校企紧密合作，充分发挥产业优势和企业重要教育主体作用的一个实体性人才培养创新平台。

（二）现代产业学院的特征

现代产业学院不同于以往的校企合作办学院（专业），它有鲜明的特征。

1. 服务产业发展

建设现代产业学院要以区域产业发展急需为牵引，其目的就是促进区域某一产业的发展，是因适应和满足产业需求、促进产业发展而创建的，而不是单纯地为推动学校的某一专业或某一专业集群的发展。某一产业可能涉及很多专业甚至几个专业集群，所以，现代产业学院可能是跨学科、跨专业、跨学院甚至跨学校而组成的学院。

2. 校企联合办学

现代产业学院有"校企联合""校园联合"等多种合作办学模式，但无论何种办学模式，归根结底都是校企联合办学，要充分发挥企业重要办学教育主体作用。企业不仅充分参与人才培养方案的制定、实训实习实践课程的教学，指导学生创新创业教育等，更不再是听从学校安排的可有可无的参与者，而是共建共治、共管共享的办学主体，要与学校一起打造综合性、实用性的人才培养创新平台。

3. 培养人才为本

现代产业学院不同于学校普通的二级学院，应该赋予其相对独立的招生管理权、教学管理权、人事管理权、财务管理权等方面的权利，但其仍然是学校的一个二级学院，仍然需要遵循教育教学规律，应该更加注重人才培养的质量和效果，更要以立德树人为根本任务，培养符合产业创新需求的高素质应用型人才。

二、应用型本科高校现代产业学院的发展历程

我国应用型本科高校现代产业学院的发展大体经历了三个阶段,即探索初创阶段、快速推进阶段和高质量建设阶段。

(一)探索初创阶段

我国本科高校一直在探索校企合作的模式。早在20世纪80年代,上海工程技术大学就在大众汽车公司和上海汽拖公司支持下,与联邦德国一所高等工业学校合作,按德国工程教育模式试办本科实验班,在此基础上,进一步与上海汽车工业总公司联合兴办汽车工程学院。进入21世纪,随着经济的快速增长,企业对应用型人才的需求量也越来越大,高校也在探索如何更好地提升人才培养质量,很多高校与行业企业开始建立行业学院或者校企合作共建二级学院。常熟理工学院建设了汽车行业学院,该学院是学校与行业、行业中若干企业合作建设的新机制运行的二级学院;上海电机学院与上海最大的装备制造业企业集团——上海电气(集团)总公司签订了《战略联盟框架协议》,选择下属优势二级学院与产业集团深入开展共建二级学院。这一阶段的校企合作共建二级学院、行业学院等基本上具有了产业学院的雏形,但是,大多数校企合作共建的二级学院并没有真正的合作共建,很多只是企业捐赠了一些实训实验设备。还有一些行业学院实质上还是挂靠在某个二级学院,运行机制不太健全,企业参与办学的积极性不高。究其原因在于企业参与合作办学没有法律保障或政策保障。

(二)快速推进阶段

2014年4月25日,在教育部的推动主导下,第一届产教融合发展战略国际论坛在驻马店市召开,论坛的召开标志着地方本科高校向应用型转变得到较多地

方本科高校认同，并达成了《驻马店共识》（以下简称《共识》）。《共识》指出，要共同面向产业转型升级，建立基础研究、科技创新、技术应用和产业化服务协同创新体系。

2014年5月，国务院下发《关于加快发展现代职业教育的决定》，该决定明确指出："探索发展股份制、混合所有制职业院校，允许以资本、知识、技术、管理等要素参与办学并享有相应权利。"另外，该决定还提出了"研究制定促进校企合作办学有关法规和激励政策，深化产教融合，鼓励行业和企业举办或参与举办职业教育，发挥企业重要办学主体作用"。2015年11月，教育部、国家发展改革委与财政部联合发布的《关于引导部分地方普通本科高校向应用型转变的指导意见》指出："建立学校、地方、行业、企业和社区共同参与的合作办学、合作治理机制。转型高校可以与行业、企业实行共同组建教育集团，也可以与行业企业、产业集聚区共建共管二级学院。"这一阶段，地方本科高校开展了轰轰烈烈的转型发展活动，在国家政策的支持和引领下，建立了一大批校企合作二级学院、行业学院。黄淮学院先后与省内外知名企业共建了黄淮置地建工学院、华为信息与网络通信技术学院、天中联食品工程学院、用友新道经济管理学院、跨境电子商务学院、银泰汽车学院、昊华骏化学院等行业二级学院；许昌学院与河南瑞贝卡集团联合成立了瑞贝卡学院，与许昌西继迅达电梯有限公司合作组建了电梯学院；南阳理工学院与中兴通讯股份有限公司签约共建南阳理工—中兴新思学院。这些二级学院、行业学院与产业学院的办学模式、管理体制机制非常接近。教育部在2017年2月、4月和6月召开的新工科建设研讨会，形成的"复旦共识""天大行动"和"北京指南"，都提出了要探索建设产业化学院。

（三）高质量建设阶段

2020年7月，教育部办公厅与工业和信息化部办公厅印发《现代产业学院建设指南（试行）》，明确了由教育部、工业和信息化部规划现代产业学院建设布局，指导和组织开展现代产业学院立项建设和评估，并规定了具体的申请条件和立项程序，标志着产业学院进入高质量建设阶段。2021年4月，河南省教育厅、河南省工业和信息化厅公布了首批23家省级重点现代产业学院名单；2021年12月9日，教育部高等教育司公示了首批遴选出来的50所现代产业学院名单；2021年12月，河北省教育厅高等教育处发布《河北省教育厅关于首批现代产业学院名单的公示》，拟定了河北工业大学智能汽车产业学院等40个河北省首批现代产业学院名单；2022年3月，四川省教育厅、四川省经济和信息化厅公布了首批27个省级现代产业学院名单。此外，众多高校也推动建设高质量的产业学院，像河南省的河南科技学院、黄淮学院、河南工学院等高校也在学校立项建设校级现代产业学院。黄淮学院建成了"夏南牛产业学院""食用菌产业学院""花生产业学院""跨境电子商务产业学院"等11个校级现代产业学院。

三、现代产业学院的构建

对于应用型本科高校，如何构建现代产业学院，最重要的是要明确其建设主体、学院的组织机构和运营机制等。

（一）产业学院的建设主体

建设产业学院，主要的主体是学校和企业，政府、行业、园区等也可能是产业学院的建设主体，但一般来说，产业学院是由学校和企业两大主体联合建设的，但也有三方主体或更多的多方主体联合共建的，比如盐城工学院大丰新能源产业学院由盐城工学院、盐城市大丰区人民政府、江苏金风科技有限公司三方合作共建；阿里云大数据学院是由常州市工业和信息化局、常州大学、阿里云计算有限公司、慧科教育科技集团有限公司四方共建。但也有比较特殊的产业学院是由政府和学校联合共建的，比如南京信息工程大学的人工智能产业学院是南京信息工程大学与南京市浦口区政府合作共建、福建省资产评估协会与福建江夏学院成立了资产评估与财务服务产业学院。产业学院的建设主体之间的关系应该是平等合作的关系，它们共同投资、共担风险、共享资源、共享收益、相互支持、协同创新、共同发展，形成紧密合作的命运共同体。

（二）产业学院的组织机构

产业学院不同于传统的校企共建的二级学院，也不是挂靠在二级学院下面的学院。产业学院应该是一个相对独立的学校教学机构，有不同的组织机构，组建多主体参与的理事会、专业建设委员会、教学指导委员会等组织机构，针对办学理念、资金投入、教育教学、体制机制等重大事项进行协商和决策，从而实现产业学院的自主治理与可持续发展。

在产业学院的管理方面，除了学校对其进行管理，还应该成立专门管理指导产业学院建设的机构。首先，产业学院是由不同的主体联合创办的，应成立产业学院理事会，其成员应由不同的办学主体的代表人组成，其理事长应该由政府部门领导担任，以便更好地推动学校和企业开展合作。其次，还应成立产业学院管理委员会，其成员应该由各办学主体的主要相关管理者组成，委员会主任应该由学校主管业务的副校长担任。最后，还应该成立产业学院建设指导委员会，也可以分开成立产业学院专业建设委员会和产业学院教学指导委员会,由相关领域的专家组成。

除了以上产业学院的管理指导机构,具体到某一产业学院层面,可以实行"双院长"负责制,设产业院长和执行院长各1名,产业院长原则上由参与双方友好协商或最大出资方担任,执行院长原则上由相关教学院部主要领导担任,但该执行院长应该从相关教学院部抽调出来,专职从事产业学院的管理和教学。在产业学院内部还应该像普通的二级学院一样设教学事务管理办公室、学生事务管理办公室、科技创新管理办公室等,这些办公室的组成人员也应该由校企等合作主体的相应管理者组成,不能完全由学校教职工组成。此外,产业学院相对独立于学校,所以还需要成立财务部门、人事部门及后勤保障部门等。

(三) 产业学院的运行机制

黄彬、姚宇华指出要以共建、共治、共享机制为关键,构建多主体协同治理结构。具体要建立多主体参与的组织决策机制、敏捷的技术导入机制、高效的协同创新机制和共担共赢机制。此外,还应该构建下列运行机制。

1. 在办学体制上,构建混合所有制

产业学院的投资主体不单单是学校,企业应该是很重要的投资办学主体,离开了企业投资,产业学院不可能做大做强。另外,政府及行业等也可能会在产业学院中投资,所以产业学院在产权形式上应该是混合所有制,不再是学校单纯的公办或民办性质,它要求产业学院的管理要参照公司的管理模式进行,重大事项的决策权依照其持有股权的多少而决定。

2. 在利益追求上,以办学效益为主

产业学院虽然是混合所有制形式,但这并不改变产业学院公益性的办学性质,产业学院中企业的投资是需要收益的,但其收益要区别于一般的投资收益,不应是以营利为目的的收益,而是培养更多社会需要的产业人才,应以办学效益为主,其他效益为辅。产业学院应当立足于育人的根本,而不是成为企业获取利益的工具,因此切勿将产业学院建设为"产业工厂"。

3. 在办学自主性上,赋予更多的自主权

产业学院应该不应具有独立的法人资格,学界有不同的争议。有些学者认为,产业学院具备法人资格可以更好地开展人才培养工作;有些学者则认为,不应该给产业学院统一赋予独立的法人资格。但产业学院应该比二级学院在人事、财务、教学、招生等方面有更大的自主性和灵活性。但是,即便是有独立法人资格的产业学院也应该在学校的统筹领导下开展教学工作,而不是不受学校的任何约束。在办学自主性上,其自主权应该介于二级学院和学校之间,并且接近于学校的办学自主权。

4. 在权力运行上,学校推崇"让权"机制

传统的校企合作,双方参与的积极性并不高,其中一个重要原因是学校习惯于以学校为主导,认为自身是知识和人才的集聚地,是"教师爷"的身份,而企业在参与校企合作中往往处于被动地位,导致参与的程度也不深。在现代产业学院中,学校需要主动"让权"于企业,赋予企业更多参与人才培养的主动权,包括参与资源整合与配置、学生管理、制订人才培养方案等,促进人才培养与产业需求的紧密结合。

四、产业学院的人才培养任务

产业学院的人才培养要主动适应经济发展的新常态,把服务区域产业发展作

为产业学院建设的主要目的,把人才培养目标转到培养应用型人才及提升创新创业能力上来,把人才培养模式转到产教融合、校企合作上来。现代产业学院人才培养的主要任务具体有以下几个方面。

(一) 坚持立德树人,加强理想信念和道德教育

产业学院要以立德树人为根本任务,以习近平新时代中国特色社会主义思想为指导,坚持扎根中国大地办教育,全面贯彻党的教育方针,坚定社会主义办学方向,深入开展理想信念道德教育,持续推进习近平新时代中国特色社会主义思想进教材、进课堂、进头脑。培育和践行社会主义核心价值观,引导大学生形成正确的世界观、人生观、价值观,着力培养学生的爱国主义、集体主义精神和民族自尊心、自豪感以及担当民族复兴大任的社会责任感。

(二) 深化产教融合,推动人才培养模式改革

产业学院要根据产业的特性、学生的特点、专业的人才培养方案、行业企业的专长等,改革传统的人才培养模式,推动项目式、任务式、教学工厂式、学徒制、订单式等教学模式在产业学院落地生根。莆田学院电子商务产业学院分别与福建省梦创电子商务有限公司、福建省青春之家体育用品有限公司和福建省三利大药房有限公司成立了"跨境电商班""鞋服电商班""医药电商班"三个电子商务产业班,共同探索理实结合、校企协同的培养模式,实行"订单式""定制式""个性化"的人才培养模式,打造可持续发展的校企协同育人机制。

(三) 紧密对接产业,深化专业建设内涵发展

产业学院要以地方产业发展为导向,建立健全对接产业、动态调整、自我完善的专业集群建设发展机制,及时调整专业结构,改造升级不合时宜的传统专业,

建设适应产业行业发展前沿趋势的新兴专业，注重培育产业发展急需的交叉学科专业等，使专业链紧密对接区域产业链，深化专业建设内涵式发展。产业学院要专门成立由行业企业专家为主的专业建设指导委员会，把行业标准、职业标准、生产标准等纳入专业建设之中，提升专业建设水平和质量。莆田学院升级改造物联网、软件工程等传统工科专业，设置了人工智能、机器人工程等新兴专业，成立新工科产业学院，该产业学院对接了华为等知名企业、高校，创建了跨不同组织、跨教学院系、跨学科专业的协同育人平台。

（四）立足产业实践，校企联合开发教材课程

专业建设的动力来源于课程结构体系的优化与完善，而课程内容及其知识体系的建立和完善来源于学科建设的有效支撑，因此课程成为学科和专业的连接点，课程建设是学科专业一体化建设的纽带。产业学院要组织行业企业深度参与课程教材建设，开发适应产业发展需求和行业企业实践的课程体系，整合、更新、优化课程内容，特别注重综合性课程、项目性课程、交叉学科课程建设。校企行联合编写教材，尤其是将产业新技术、新工艺、新规范纳入教学标准和教学内容，可以加快课程更新步伐，实现课程内容紧密对接最新的行业和职业标准，紧密对接最先进的生产流程等，开发一批适应产业发展的高质量校企合作课程并编写出相应的教材。

（五）整合要素资源，打造协同育人实践基地

产业学院要立足产业发展的人才培养需要，加强与社会各主体的合作，整合地方政府、高校、科研院所、行业企业、产业园区、科技园区等一切社会要素资源，在产业学院内部或外部建立能够满足产业发展和创新需求的实践教学基地，打造

"产学研转创用"等多功能一体化的高水平协同育人基地。广州市教育局与广州开发区管委会调动政府、学校、行业、企业、园区等多方力量建设广州市开发区产业学院，院内建有教育部教师实训流动站、广东省工程技术研究中心、广东省产教融合平台等11个实训基地平台，形成年容纳3500名学生的育人场所，有效解决智能制造产业发展迅速、升级周期加快、校内专业组织实践教学困难等问题。

（六）校企专兼结合，建设高质量双师型队伍

教育大计，教师为本，产业学院人才培养质量的高低取决于教师的知识、能力和素质。产业学院的教师组成应该是校企结合、专兼结合。产业学院聘用的教师应该50%以上都来自行业企业生产第一线，以作为办学主体的行业企业的自有教师为主，但也应聘用一些其他行业企业权威、领军人才、大师名匠等来弥补自身的不足。另外，产业学院要打造一支数量充足、专兼结合、结构合理的高水平双师型队伍，学校教师应该通过挂职工作和实践锻炼，提高自身的实践教学能力；行业企业教师也应该学习教育教学知识、技能和方法，能够得心应手地把所掌握的技术传授给学生。

第二节 大学生创业园人才培养的产教融合模式

由于国家近些年出台了一系列支持大学生创业的政策，众多应用型本科高校迅速行动起来，相继在学校内部建起了大学生创业园，来鼓励支持培育大学生开展创业活动。另外，某些地方政府为支持大学生创业，也会在当地建设大学生创业园。大学生创业园是典型的人才培养产教融合模式的载体。

大学的主要功能是人才培养，大学创业园是人才培养过程中的综合性平台，

大学生创业园是学校或政府部门专门为大学生提供创业场所环境、创业服务指导等，旨在提高学生的创业能力、创业积极性和孵化大学生创业企业的平台。从大学生创业园入驻的企业、建园目的等方面来看，大学生创业园是典型的人才培养产教融合模式的载体。

一、大学生创业园的发展概述

2001年2月6日，位于成都高新区西区的中国第一个大学生创业园——西部大学生创业园在成都奠基。该大学生创业园由科技部火炬中心批准，以成都国腾通信集团为主创立，园区规划面积6万余平方米，能容纳200家企业，注册资金3000万元，服务对象主要是海外留学生及国内的在校大学生，其孵化器作用主要表现在通过园区内的风险基金、全面的服务体系、多样化的引导体系和企业化的运作模式，使其成为培养科技兴国未来之星的摇篮。此外，在大学科技园中也建有创业园，比如，2001年，被认定为全国首批15个国家级大学科技园的哈尔滨工业大学国家大学科技园中也设有创业园、软件园等功能区。一些研究型大学开始建设大学生创业园或者在大学科技园中设创业园。人力资源社会保障部于2012年10月认定了15个首批全国创业孵化示范基地，吉林省东北林业大学生创业孵化示范基地、中国（上海）创业者公共实训基地大学生创业示范园、徐州市大学生创业园、青岛市大学生创业孵化中心、湖南（湘潭）大学生科技创业园、广州市华南理工大学国家大学科技园创业基地等6个大学生创业园位列其中，占首批创业孵化示范基地总数的40%。

2015年3月，国务院办公厅发布《关于发展众创空间推进大众创新创业的指导意见》；2015年5月，国务院出台《关于进一步做好新形势下就业创业工作的意见》、国务院办公厅发布《关于深化高等学校创新创业教育改革的实施意见》；2015年6月，国务院出台《关于大力推进大众创业万众创新若干政策措施的意见》；2015年9月，国务院出台《关于加快构建大众创业万众创新支撑平台的指导意见》；2016年2月，国务院办公厅发布《关于加快众创空间发展服务实体经济转型升级的指导意见》；2017年6月，国务院办公厅发布《关于建设第二批大众创业万众创新示范基地的实施意见》；2017年7月，国务院出台《关于强化实施创新驱动发展战略进一步推进大众创业万众创新深入发展的意见》。2015年至2017年，是国家出台支持创新创业政策的密集期，出台了一系列支持创新创业的政策文件，国家进入了大众创业、万众创新的"众创时代"，这大大促进了大学生创业园的建设。这一时期，大学生创业园进入了蓬勃建设时期，基本上全国应用型本科高校都建设了大学生创业园，大学生创业教育也在如火如荼地开展。未来，大学生创业园的建设将进入高质量建设发展期，将主要在园区管理、创业项目管理等方面创新管理理念和方法，更好地促进大学生创新创业教育。

二、大学生创业园的定位

大学生创业园的定位是大学生创业园能否健康可持续发展的关键。

（一）人才培养是大学创业园建设的主要目的

大学生创业园不是一个法人主体，不是学校的营利部门，它是服务于学校的主要功能即人才培养的。大学生创业园的建设目的并非要培育出较多的成功企业，而是要培育学生的创新意识、创业精神、创意思维，发掘学生的创造潜能，为学生提供创业实践的机会和真实环境，把学生所学知识运用到社会生产实践中去，为将来走向社会创造更多的价值奠定基础。大学生创业园是通过创业带动学业和就业的平台，是综合性的学生实习实训平台。2011年获得教育部、科技部授予"国家高校学生科技创业实习基地"称号的南京工业大学大学生创业园，紧紧依托学校国家大学科技园的综合服务体系，坚持政府扶持与高校支撑，按照"创业带动学业，提升就业能力"的建设理念，整合多方资源，提升孵化功能，完善服务机制，优化运行模式，面向大学生开展创业教育与实践、创业指导与职业素质、技能培训，为大学生自主创业提供真实环境下的实践平台，同时也为大学生打造了实习、实训的核心平台。麦克思研究院联合中国社科院发布的《2017年中国大学生就业报告》数据显示，即使在浙江等创业环境较好的省份，大学生创业成功率也只有5%左右。另外，在大学生创业园开办企业的目的是促进学生更好地学习专业知识和提高综合能力，学生通过真实的实践比教师单纯的知识讲授知识保留率要高得多。"学习金字塔"理论告诉我们，用耳朵听讲授，知识保留5%；用眼去阅读，知识保留10%；视听结合，知识保留20%；用演示的办法，知识保留30%；分组讨论法，知识保留50%；练习操作实践，知识保留75%；向别人讲授、相互教，知识保留90%。另外，从调研大学生创业园经营的现状来看，比较成功的企业往往是科技含量比较高的企业，这些企业真正地把科学技术运用到企业的生产实践中去。而那些不太成功的企业，往往是企业与创业人所学专业联系并不紧密，并没有把自身所学专业知识运用到企业的生产实践中去。所以，大学生创业园的建设目的应该是为那些渴望运用专业知识去实现知识转化的企业提供创业的平台，并不是为所有有创业意愿的学生提供平台。要建立创业园与社会实践的紧密联系，从而使得社会生活与知识生产发生更为紧密的联系，使得大学生创业的方向可以顺应市场发展趋势，以学有所用来带动学有所思。

（二）产教融合是大学生创业园人才培养的主要模式

按照创业主体的不同，学校或政府成立的大学生创业园，尤其是学校成立的大学生创业园一般允许入驻的企业可以分为以下几种：

1. 学生自己成立的企业

这些企业可能是某些专业的学生根据自身的专业特点和自身特长，结合市场情况，注册成为专业性的公司或模拟公司，其成立的目的是学以致用，把自身所学知识运用到企业的实践之中，此外，也锻炼了自身的综合素质、管理能力。当然，不排除一些学生也有为了营利的因素而创办企业的。这类企业主要是学生自主运行，一些专业老师可能会对其进行指导。

2. 学校投资成立的企业或模拟企业

学校或者二级学院可能会根据自身的专业优势，为学生提供实习实训场所，也为服务地方经济和社会发展贡献力量，由学校投资成立具有独立法人资格的企业或模拟企业，这些企业由专门的机构进行管理或者学校委托相关二级学院进行管理。

3. 专业教师成立的企业或工作室

学校的一些专业教师根据自身的专业特长和兴趣爱好，申请成立专门的企业或工作室，其成立的目的主要是为学生提供真实的实习实训环境，带领学生做一些企业项目，打造教学做一体化的教学环境。其基本要求就是要吸纳本专业的学生参加专业实践，更进一步的要求是把其教学与企业经营管理结合起来。这类企业主要是专业教师进行管理，学校或二级学院（系）进行监督指导。

4. 由校外个人或校外企业成立的企业

这类企业不同于以上几类企业，其投资主体是校外的单位或个人，其成立的初衷可能是以营利为目的。但是这类企业不可或缺，因为他们具有丰富的企业管理经验和相对有保障的资金支持。但这类企业能入驻大学生创业园的前提是它们要为相关专业大学生提供专业实习实训，为创业教育提供相应的指导服务。这类企业主要是由校外单位和个人进行管理，学校进行监督，尤其是大学生创业园的管理部门要进行监督管理。

5. 几类投资主体混合组建的企业

投资主体可能在现实生活中更倾向于共同组建企业入驻大学生创业园，所以，这一类企业在现实中也比较多，可能是学校内部人员共同组建的企业，如教师和学生共同组建的企业、学校和教师共同组建的企业；也可能是学校的个人和组织与学校的外部组织和个人联合组建的企业，如学校与校外企业共同组建的企业、教师和校外企业共同组建的企业以及学生和校外企业共同组建的企业等。这类企业是组建主体共同管理，也需要学校及相关院系的监督和管理。

以上几种类型的企业，成立的宗旨和实际运营都不能偏离大学生创业园的人才培养宗旨，应该为学校人才培养服务。具体应该是通过校企合作、产教融合来提升人才培养的质量，否则这些企业将不可能在大学生创业园长久享受学校和政府的优惠政策。

三、大学生创业园的管理运行

当前，很多大学生创业园存在诸多问题，如园区入驻创业项目质量不高、与人才培养脱节严重、创业服务质量低下等。解决这些问题，需要强化大学生创业园的管理运行。

（一）建立人才培养的协同机制

人才培养应是大学生创业园的主责主业，大学生创业园是联通内外的纽带和桥梁，综合协调校内外各机构及校外各单位。在校内，它需要协调主管学校教学的教务处，需要协调承担学生教学和管理的各二级学院（系），需要协调主管就业的就业处，还需要协调主管学校资产管理的资产管理处等。大学生创业园应设立园区管理委员会，委员会主任可由学校主管领导兼任，成员应由学校相关部门负责人担任，委员会可以下设园区管理办公室，办公室主任由创业园具体负责人担任。对外，园区管理办公室代表学校协调组织行业企业开展人才培养、创业服务的相关活动。黄淮学院大学生创新创业园建立了比较顺畅的人才培养协同机制，承担了学校的创新创业教育，构建了创新创业教育融入人才培养方案、专业建设、课程教学、课外实践、学生发展评价体系的"五个融入"的创新创业教育体系，被评为中国大学生创新创业产学研创新示范基地、河南省大学生创业示范基地、河南省创业孵化示范基地。

（二）建立创业项目遴选机制

大学生创业项目的质量决定着大学生创业园发展的质量，大学生创业园应该建立大学生创业项目遴选机制。一是要规定哪些人的创业项目可以进入大学生创业园，以及进入的比例和数量多少。比如规定在校本科大学生一、二、三、四年级是不是都能进入，在校研究生和毕业生能否进入等问题。二是要规定项目遴选的程序，包括项目评审的主体的选择、评审的过程、评审结果的公示、对结果异议的提出和申诉等。三是要制定项目的退出机制，包括项目孵化成功后的退出和项目进展迟缓的退出或无法开展的退出等，以确保创业项目能够及时得到更新，避免浪费创业园资源。此外，还需要建立通过创新创业大赛选拔入驻项目的机制，也要建立对学生科技成果发明转化的项目特别授权入驻的机制，确保高质量的科技创新成果能够及时得到转化和落地实施。

（三）建立"一站式"全程服务机制

大学生创业园之所以能吸引大学生在园区创业就在于其能提供便捷全面的服务，消解大学生在开办企业中的一些忧虑和不安。首先，大学生创业园要在创业园区建立专门的创业园咨询服务中心，在这里创业者能够得到全方位"一站式"的指导和服务。其次，大学生创业园要组建一支专兼结合、校内外结合的创业指导服务团队，在项目策划、项目技术指导、资金筹集、法律风险、注册登记、税务咨询、企业管理等方面给予指导和服务。最后，大学生创业园还要建立对创业服务的监督评价管理机制，确保创业园服务高效、廉洁、精准。

第三节 工作室人才培养的产教融合模式

工作室起源于我国传统的手工作坊，与国外的工作坊（Workshop）比较相似。在20世纪初，德国的包豪斯学院最先进行理论讲授教学和"工作坊"实践教学并行的教学模式，自此产生了工作坊教学模式。在我国高校中这种教学模式司空见惯，尤其在艺术设计领域、计算机领域非常普遍。

一、工作室产教融合人才培养模式的特征

工作室人才培养产教融合模式是以工作室为载体，按专业的不同将课程、教室与生产实践融为一体，将传统的学校封闭式教学变为面向生产实际的开放式教

学，以课程知识为基础，以专业技术的应用为核心，以专业教师或名师为主导，以承接课题、项目为主要任务，由教师带领学生在承接和完成生产技术项目的过程中完成综合专业技术训练的一种教学模式。

（一）融合性

工作室的融合性表现在以下几个方面：首先是理论和实践的融合。工作室模式能够很好地将理论教学融入实践教学中去，学生也会将以前所学理论知识运用到实践活动中去。其次，教、学、做的融合。工作室模式将教师的教、学生的学和实践的做融合在一起，你中有我，我中有你，三者相互促进，形成学习共同体。再次，学生的专业学习和就业指导融合在一起，工作室模式将学生带到一个类似将来工作的环境之中。最后，工作室模式是学校和企业的融合。工作室所承担的项目大多数应该来源于行业企业，工作室模式是人才培养产教融合的基本形式。

（二）实践性

工作室的实践性表现在以下几个方面：一是工作室模式的教学目的就是为了提高学生的应用实践能力，把学生所学理论知识用实践来检验、来巩固、来创新。二是工作室教学模式是以理论教学为辅，实践教学为主。三是工作室教学模式效果的检验和评价主要是以实践成果来进行的，很少用理论成果或不用理论成果来检验和评价。

（三）灵活性

当前的教学忽视了学生学习起点的不同，在选择余地不大甚至不可选择的情况下，学生的学习过程变得枯燥乏味，容易导致学习的盲目化和教学的浅表化。工作室的灵活性表现在以下几个方面：首先，在工作室模式下，学校可以根据学生特点和需求开设不同的课程，也可以根据就业市场需求开设不同的课程。其次，工作室模式突出以学生为本，学生可以自主选择自己所喜欢的课程和工作室。再次，工作室的项目教学也不是一成不变的，教师和学生都可以自己寻找项目开展教学。最后，学生的学习时间和教师的教学时间不是禁锢在传统的课堂上，学生和教师能够根据项目要求灵活掌握。

二、工作室模式的意义

工作室模式这种看似简单的人才培养产教融合模式，却具有较强的实践意义。

（一）深化了产教融合、校企合作

工作室模式因为比较简单，也因为工作室便于建设，所以这种模式被高校广泛使用。工作室模式把企业的生产搬到了学校工作室课堂教学中去，真正实现了教学过程和生产过程的对接，给学生营造出比较真实的企业工作环境。工作室模式通过真实的企业项目作为纽带，加强了学校与企业的合作。所以，工作室模式是比较有效的深化产教融合、校企合作的模式。

（二）强化了学生的实践能力

工作室模式是注重学生综合专业素质和实践操作能力提升的一种教学模式。在工作室的教学主要是以实践教学为主，为学生提供了广阔的实践舞台，学生通过学习如何进行调研、策划、谈判、项目实施等一系列实践活动，大幅提升了其实际操作能力。

（三）锻炼了学生的实际工作能力

工作室模式是按照企业的模式构建的，在其中学习的学生，身份不仅是"学生"，也以项目工作者的身份出现,他们在具体工作环境下承担一定的工作任务,在学习过程中,不但提升了自身的学习水平,也提升了发现问题、思考问题、解决问题的能力和沟通交流交往、团队协作、经营管理的能力。这使得学生及早熟悉企业工作模式,有利于他们在毕业时身份转换。工作室项目教学本身也是生产任务,把"工作"引入课堂,将职业融入学业,学业凸显职业,在课程中强化职业概念,并按产业过程导向设计教学单元。学生实践的过程也是未来职业发展的实践,工作室模式能够帮助学生在校阶段就树立面向社会解决问题的专业思维和能力,实现学生学习与职业发展的结合。

三、工作室模式的运行机制

工作室模式虽然简单,但怎样与教学结合起来,还需要高校在人才培养过程中认真思考和探索。

(一)工作室模式的教学目标和内容

工作室不仅是传统课堂和教室的延伸,更是一种教学模式,教学模式就要有明确的教学目标,教学目标在教学模式中处于核心地位,它决定了在教学过程中的教学方法、师生关系、管理手段等,而所形成的不同教学模式是为了完成一定的教学目标,同时对形成教学模式的其他因素起到制约作用。当前,大多数高校都成立了专业工作室,这些专业工作室大多是由实践经验丰富的专业教师牵头负责,但承担具体教学任务的工作室很少,很多工作室只是向学生提供一些实践机会。而这些学生,也是工作室经过选拔的学生,不是学生自主参加的,也并不是学校安排学习课程的学生。工作室也并不开展系统的教学,一些工作室甚至成为教师赚钱的工具，对教学本身并没有太大的促进。所以，教学院系要根据人才培养方案，确立工作室教授的课程，根据学科专业特点和学生的认知规律，结合社会上相关职业的需求，形成一个教学课程体系。这个教学课程体系可能不是由某一工作室承担，而是由多个不同方向的专业工作室承担，所以，要把工作室尽量进行精细的分门别类，具体到能够承担某一门课程上。

（二）工作室模式的教学主体

教学主体包括教的主体教师和学的主体学生。工作室模式的教学主体应该是专业课教师，专业课教师应该是具有丰富实践经验的教师，与行业企业有较长时间的合作，能够比较容易地获取行业企业的实践项目，并且具有一定的团队或企业管理经验，能顺利地完成企业实践项目和教学工作。授课的专业课教师一般为工作室负责人，当然对于比较大的工作室，可以配备多个专业课教师，这些专业课教师最好在年龄、职称、学历等方面结构合理，互相取长补短，共同进步。每一个专业课教师可以具体负责某一课程某一模块的教学，几个专业课教师共同完成某一专业课教学。此外，应该配备一些行业企业的兼职教师来开展产教融合、校企合作，共同完成教学任务。这些兼职教师不一定固定，可以根据具体的项目和合作的企业来聘任。

学生也是工作室模式的教学主体。工作室吸纳的学生主体首先是根据学校或院系安排的课程，由学生根据自己的兴趣爱好、未来职业发展前景和具体各个工作室的现状来选择的，而不能完全由工作室来决定。一般来说，进入工作室学习的学生应该是本科大学最后两年的学生，本科学习前一阶段的学生也可以进入工作室，但不应是真正意义上的工作室教学模式的学生。

(三）工作室模式的教学方法

工作室的教学应该是以"任务为导向，项目为载体"，应该采用任务教学法和项目教学法，具体就是以完成项目为任务的一种教学方法。工作室模式的项目应该来源广泛，项目最好是教师带着学生进行社会调研挖掘出来的项目，再由教师指导学生到相关企业进行谈判来承担这些项目。此外，教师承担的课题项目也可以作为实践项目来开展教学，一些固定的竞赛项目也可以作为实践项目来开展教学。但这些项目最好是企业需要的真实存在的项目，这样学生们完成起来会更有成就感。除非极其特别的情况下，不能找到真实的项目，可以把以前做过的项目或虚拟项目拿出来供学生实践训练。项目完成要以团队为主，不提倡单打独斗，团队要分工明确、相互协作、集体讨论、科学决策、民主决策，这样可以提高学生的团队协作能力、沟通能力、组织能力等，培养学生的集体荣誉感、团队责任感。工作室项目教学法要实现三个转变：一是将概念讲授与实际操作从对立转向统一，从实践训练回溯到理论基础，从理论基础促进实践训练。二是将专业教学和经营实体从对立转向统一，企业项目、竞赛奖项既是工作效益也是教学目标。三是将过去的校企分离转变为协同合作，教学活动也是生产活动，企业员工也是教学人员，资源共享。

（四）工作室模式的教学管理

工作室应该由学校二级学院统筹管理，具体由专业教研室或专业系部管理，实行工作室主任负责制，参照企业的管理模式管理工作室，工作室负责人有充分的管理自主权，在队伍组建、项目承担、收益分配等方面不受二级学院约束。工作室可以根据专业的人才培养方案和课程标准，确定授课的具体时间、选用的课程教材、项目教师的配备、课程的考核方案等。但制定具体的管理规章制度需向二级学院备案，并严格按照制度管理工作室。

工作室管理过程中要处理好课程教学与项目设计之间的关系、理论学习与专业实践的关系、人才培养与社会服务的关系、产学研三者之间的关系。所以，工作室要建立比较科学的教学科研管理制度体系，具体要制定课程安排制度、课程评价考核制度、设备使用管理制度、教师绩效考核制度、项目引进管理制度、科研激励办法、收益分配制度、校企合作管理制度等，确保工作室工作顺利开展和规范管理。

此外，工作室模式还广泛应用于学生的课外实践教学，课外实践教学可能对学生专业实践能力的提升效果更大。像黄淮学院"微建筑"工作室采取的分层次教学法。该工作室成立于2008年，工作室分了四个层次，以四个研究所的形式出现。"微建筑"工作室有自己比较完备的教学计划和教学组织方式，其授课内容以学生的需求为导向，以活动为载体，促进学生的经验生成。刚来工作室的学生，多数都没有实战能力，进入一所，需要指导教师花很大的精力指导、培养，等培养到能胜任实际工作了，可以跟着师兄师姐学。一所的学生成绩显著，达到"微建筑武学九境界"的第三境界，可以进入二所学习。二所的学生应全面掌握专业软件，同时能出色完成工作室的"空间组合训练"要求，达到标准，可以进入三所学习。三所的学生扮演着"助理建筑师"的角色，参与实战，做辅助工作。四所则是实战的前沿阵地，四所学生直接接受指导教师的实际任务，并作为项目主持人，和三所学生组成项目团队，完成项目的设计。在管理上，每个所设立所长和副所长，所长一般由三所和四所的学生担任，副所长由本所人员担任。所长以项目为载体，组织本所成员有计划地学习。三所、四所，程度比较好的学生，排好值日表，定期到一所、二所辅导。工作室的四个所，层次不同，产生了差异感，每位学生都想成为优秀的学生，大家在这里也就有了学习的动力。近几年来，工作室成绩斐然，参与项目如黄淮学院艺术楼、综合楼、大学生创新创业园、梦工场、科技产业园和文化创意产业园、天中实验小学、嵖岈山青少年训练基地、驻马店市体育训练馆等方案设计，培养了500多名建筑学专业学生。

第五章　高校产教融合的实践路径

　　资源是人类行为动力的基础。人类的各类活动无一例外要以资源为支撑，人类发展的历程从某种程度上也是石器、土地、青铜、铁器、煤、石油、电力、海洋等资源开发、利用和争夺的历程。资源是诠释组织建立、运行和发展的钥匙，氏族、军队、教会、政府、企业、学校等各类组织皆是资源分散与集聚的结果。可以说，资源不仅是人类及其组织存在和发展的基础，也是解释人类及其组织行为的关键。应用型高校作为一个有机体，是由教师、学生、学校管理人员、实训设备、经费等资源聚合而成的，同时它还和有机体外部的政府、行业企业、社区、其他高校进行着资源交换。充足的资源，是应用型高校深化产教融合的根基和前提。从现实来看，应用型高校匮乏的经费、学科专业、师资、场地设备等资源，不利于其通过整合内部资源和吸收外部资源深化产教融合，极大地制约了应用型高校产教融合动力。

第一节　经费方面

　　经费是货币或钱的同义词，它直接从源头上决定着资源的多寡。自从人类通过贸易来增进相互间的福利开始，货币就作为一般等价物成为各种资源交换的媒介，人类通过持有货币可以购买能满足自己需要的资源，同时也可以将自己的资源兑换成货币储存起来或借贷出去。近现代以来，经费逐渐在个人和组织的生存和发展中扮演着越来越重要的角色，个人或组织一旦没了经费，就会丧失在现代社会生存的砝码。同样，没有足够的经费支持，应用型高校产教融合动力好似无源之水，无法流长。

一、应用型高校办学经费有限

应用型高校办学规模小，服务社会的能力差，办学经费主要来源于地方政府，经费有限，很难为深化产教融合提供充足的动力。2016年，部属高校的经费预算达到上百亿元，一些规模较小的人文社科类部属高校的经费预算也达到了十亿元左右。地方重点院校的经费预算一般在七八亿元，也有达到十亿元的，应用型高校的经费预算基本不超过七亿元，通常为两三亿元。经费从源头上决定着高校可以调动的人力、物力、技术等资源，应用型高校"囊中羞涩"的现实，直接导致其在深化产教融合的过程中被处处掣肘。

二、产教融合缺乏教育专项经费支持

调查发现，很多应用型高校并没有获得相关的教育财政专项经费。有消息指出，河南省、山东省分别安排了两亿元和一亿元的高校转型发展专项经费，广西筹措建设经费八亿多元启动高校转型发展应用技术大学试点工作。调研的多数应用型高校并没有获得政府的专项经费。从理论上讲，实践型人力资源的培养可能比学术型人才和技术技能型人才的培养更耗费资源，因而需要更多的经费支持。应用型高校多属于省市级政府举办的高校，教育经费本就有限，现要推进其深化产教融合，但缺少经费的保障。因此，鼓励应用型高校健全多元投入机制，积极争取行业企业和社会各界支持，优化调整经费支出结构，向教育教学改革、实验实训实习和"双师双能型"教师队伍建设等方面倾斜。许多应用型高校也通过项目立项等形式设立了专项经费,但这些经费数额有限,无法为应用型高校深化产教融合提供有效支撑。

应用型高校的二级学院是深化产教融合的改革试点和实施主体。深化产教融合,要求二级学院在学科专业调整、课程开发、教学改革、实验实训实习基地建设、"双师双能型"教师队伍建设等方面实施综合的系统改革。不幸的是,经费的不足使许多在改革之初意气风发的二级学院,在真正推进改革的时候往往步履蹒跚、力不从心。

三、企业没有享受到减免税收优惠

在推进校企合作方面,许多学者提出以减免税收的方式鼓励企业主动与高校合作。2007年,国务院发布的《中华人民共和国企业所得税法实施条例》第五十三条规定:企业发生的公益性捐赠支出,不超过年度利润总额12%的部分,准予扣除。公益性捐赠是指企业通过公益性社会团体或者县级以上人民政府及其部门,用于《中华人民共和国公益事业捐赠法》规定的公益事业(包括教育、科学、文化、卫生和体育事业)的捐赠。然而调查发现,多数企业不知道或没有享受到减免税收优惠,应用型高校的学校管理人员也不了解减免税收政策,因而无法以此为切入点激励企业参与校企合作。出现这种情况的原因,一方面可能是一些企业不了解减免税收政策或者笔者访谈的企业人员不了解公司的财务或减免税收情况,另一方面可能是减免税收政策在具体的操作和实施层面宣传不到位或者存在一些运作困难。

第二节 学科专业方面

学科是知识的分门别类,学科的细化和交叉形成了专业。专业的设置与变更,主要受到两方面的影响:一是产业细化或职业发展变化,二是科学发展的综合与分化。以一个学科为基础可以设置若干个专业,一个专业可能需要两个或多个学科为支撑。我国普通高等教育的13大学科门类下设有110个一级学科,一级学科之下还有层级式的二级学科、专业和研究方向。学科建设水平决定着学科发展水平,学科建设可以为学科发展提供高水平的师资队伍、教学与研究的基地、包含学科发展最新成果的课程教学内容等。

一、应用型高校学科少

学科数量和实力是应用型高校深化产教融合(主要是校企合作方面)的基础。高等学校是以高深知识的创新、传播和应用来服务社会的,建立在知识创新和应用基础上的科研技术水平(或产品研发能力)是校企合作的重要资本。地方院校(包括地方重点院校和应用型高校)平均获得的企事业单位委托经费非常有限,仅分别为部委院校和教育部直属院校的5.8%和4.0%。从高校和企业在人才培养和项目研发方面的合作看,相比于应用型高校,研究型大学利用其在学科、技术、设备、政策等方面的优势,获得了大型企业尤其是从事战略性新兴产业的大型企业的兴趣和支持。可以说,一所高校的学科数量越多、实力越强,其科研技术水平和产品研发能力越高,越能为企业和社会提供好的服务,越能在校企合作市场上占据优势。根据目前的评价体制,如果某个一级学科具有博士学位授予权,则说明其学科实力较强。据此，可从高校的学科设置及其具有的一级学科博士学位授予权数量，大致估计其科研技术水平。相比于研究型大学，应用型高校主要以本科为主，拥有少量硕士点，学科实力和科研技术能力较弱，很难得到大型企业的橄榄枝。从高校获得的企事业单位委托经费来看，2015年，"985""211"及省部共建高校平均获得的企事业单位委托经费为32 658.8万元，而其他本科高等学校（多数是应用型高校）和高等专科学校平均获得的企事业单位委托经费仅分别为2 073.5万元和42.1万元。这种以技术交换为支撑的校企互利合作，不仅能吸引大企业加盟，而且能切实推进产教融合，促进大学和企业在人才定制培养、学生实习实践、共建研发平台与合作研究、设立教育发展基金等方面开展长期深入的合作。不仅如此，研究型大学和许多大型企业建立了合作关系，几乎垄断了区域校企合作的高端市场，这增加了应用型高校和大型企业建立合作关系的市场准入难度。

二、师范类应用型高校重视人文学科

学科和专业是高等教育培养人才的重要载体，应用型高校深化产教融合有必要依据产业发展需求调整学科方向和专业设置，"建立密切对接产业链、创新链的专业体系"。但是，基于知识分化与产业细化的学科专业和基于经济分散与集聚的产业之间并不是严格对应的，很多专业尤其是人文社会学科专业（如哲学、文学、社会学、史学等）和产业之间联系相对疏离和模糊，甚至横亘着不小的鸿沟。这表明，应用型高校的学科专业设置越偏重人文社科学科，越没有和产业融合的空间，其深化产教融合的动力也越小。

在中国应用技术大学（学院）联盟单位中，师范类学院包括长江师范学院、重庆第二师范学院、大庆师范学院、韩山师范学院、黔南民族师范学院、曲靖师范学院、天水师范学院、周口师范学院、吉林工程技术师范学院、天津职业技术师范大学等十多所院校，约占联盟单位的10%以上。受历史因素影响，这些师范类应用型高校的学科专业设置偏重人文社科，深化产教融合的动力先天不足。我国的高等院校目前是以依据学科专业划分的二级学院为建制，二级学院（在学校架构中通常被划归为与党政职能部门相区别的教学单位）的设置基本上表达了学校的学科专业设置情况。正是基于此，可以选取人文社科类的教学单位（二级学院）占高校总教学单位的比例这一指标，大致衡量应用型高校的学科专业设置情况。通过调研发现，曲靖师范学院的19个教学单位中，继续教育学院主要承担全校的成人高等学历教育及各类非学历培训等办学任务，教师（教育）发展研究院和教师教学发展中心属于研究机构和教师培训单位，故将这3个单位排除出教学单位的行列；城市学院的专业设置主要有工程造价、房地产开发与管理、地理科学、酒店管理、工程管理、人文地理与城乡规划，故将其归属于人文社科类的教学单位；国际学院主要招收工商管理、会计、酒店管理、国际商务的学生，故将其归属于人文社科类的教学单位。据此可以计算出，曲靖师范学院的16个教学单位中，人文社科类的教学单位有11个（包括人文学院、法律与公共管理学院、经济与管理学院、外国语学院、教师教育学院、体育学院、音乐舞蹈学院、美术学院、马克思主义学院、城市学院、国际学院），占总教学单位的比例高达68.75%。通过调研发现，重庆第二师范学院的教师教育学院的主要职能是培养、培训小学教育师资，现设有小学教育、初等教育及体育教育等本、专科专业，故将其归属于人文社科类教学单位。据此可以计算出，重庆第二师范学院的9个教学单位中，人文社科类的教学单位有7个（包括教师教育学院、学前教育学院、文学与传媒系、外国语言文学系、经济与工商管理系、旅游与服务管理系、美术系），占总教学单位的比例高达77.78%。通过调研发现，大庆师范学院的继续教育学院主要提供管理人员培训和高校成人学历教育，故将其排除出教学单位的行列。据此可以计算出，大庆师范学院的13个教学单位中，人文社科类的教学单位有9个（包括教师教育学院、文学院、外国语学院、经济管理学院、法学院、音乐与舞蹈学院、美术与设计学院、体育学院、思想政治理论课教研部），占总教学单位的比例高达69.23%。通过调研发现，国际教育学院包括国际学院、动画学院、软件职业技术学院，设有软件工程、动画、艺术设计和计算机应用技术等理工类专业。正是基于此，将国际教育学院划归为非人文社科类教学单位。黄淮学院的16个教学单位中，人文社科类的教学单位有6个（马克思主义学院、文化传媒学院、经济与管理学院、体育学院、外国语学院、音乐学院），占总教学单位的比例只有37.5%。常熟理工学院的14个教学单位中，人文社科类的教学单位有5个（人文学院、外国语学院、经济与管理学院、马克思主义学院、体育部），占总教学单位的比例只有35.71%。重庆科技学院的13个教学单位中，人文社科类的教学单位有5个（工商管理学院、法政与经贸学院、外国语学院、人文艺术学院、体育部），占总教学单位的比例只有38.46%。综上所述，从人文社科类教学单位占总教学单位的比例看，理工类应用型高校一般不超过40%，而师范类应用型高校大都接近甚至超过70%。一般而言，理工类学科专业比人文社科类学科专业容易进行产教融合。师范类应用型高校偏重人文社科类的学科专业设置，导致其深化产教融合的限制较多、困难较大，产教融合的动力和水平较低。相反，学科专业设置偏向于理工类的应用型高校，深化产教融合的动力较为充足，产教融合的水平多居全国前列。①

---

① 黄艳.产教融合的研究与实践[M].北京：北京理工大学出版社，2019.

三、研究型大学的制约

研究型大学通常是在某一国家或地区比较有影响力的中心大学，它们是知识的创造者和国际知识系统的重要组成部分，获得了大部分研究经费，培养了绝大多数博士研究生，是公认的学术领袖。研究型大学不仅支配着处于边缘地位的应用型高校的发展，而且给应用型高校深化产教融合设置了诸多挑战，这种挑战在应用型高校的学科专业调整方面表现得尤为明显。一方面，研究型大学垄断了高端实践型人力资源的培养，掐灭了应用型高校在更高层次深化产教融合的动力。根据目前的人才培养体系，如果把应用型高校培养的人才定位为区别于高职高专的高层次实践型人力资源，那么专业学位的硕士和博士研究生可谓是高端实践型人力资源。专业学位是培养高端（硕士和博士研究生）实践型人力资源的主要通道。根据1998年教育部颁布的《普通高等学校本科专业目录》和2011年国务院学位管理协会与教育部颁布的《学位授予和人才培养学科目录》，我国普通高等教育有13大学科门类，门类下设有相应的一级学科。1993年，中共中央、国务院印发的《中国教育改革和发展纲要》提出，"在培养教学、科研岗位所需人才的同时，大力培养经济建设和社会发展所需的应用型人才。鼓励有实践经验的优秀在职人员采用多种形式攻读硕士、博士学位"。截至2016年6月，我国全日制博士研究生专业学位类别有教育学博士、兽医学博士、临床医学博士、口腔医学博士、工程博士5种，全日制硕士研究生专业学位类别共39种，全日制学士专业学位类别1种——建筑学学士。1996年，国务院学位管理协会第十四次会议审议通过的《专业学位设置审批暂行办法》规定："专业学位作为具有职业背景的一种学位，为培养特定职业高层次专门人才而设置。"而且，相对于本、专科层次，在研究生层次深化产教融合更有意义，遭受的阻力也相对较小。因为本科层次比较强调通识，注重人的多学科学习和多方面发展，专业划分也比较粗略，专业和产业甚至职业之间的连接松散；研究生层次更强调学生在某一领域或某一专业的专攻，专业划分较细，高校在专业划分上的自主权和灵活性也较强，也更容易实现职业教育和产业发展的融合。然而，我国的高端实践型人力资源已经被研究型大学垄断，应用型高校在资源和制度上均没有培养高端实践型人力资源的条件和资格，这无形中掐灭了应用型高校在更高层次深化产教融合的动力。调查发现，应用型高校根本没有培养博士专业学位的资格，只有少量的（一般不超过3个）硕士专业学位授权点，与研究型大学形成了鲜明的反差。以重庆市为例，重庆市6所应用型高校中只有重庆三峡学院和重庆科技学院有不超过两个类别的专业硕士招生资格，其招生类别为教育硕士、农业推广硕士和工程硕士；反观研究型大学，重庆大学拥有专业学位19种（含建筑学学士、高级管理人员工商管理硕士、2个工程博士领域、26个工程硕士领域），西南大学拥有1种专业博士学位、21种专业硕士学位。另一方面，很多学科本身就是应用型的，研究型大学在这些应用型学科专业上的强势，弱化了应用型高校深化产教融合的动力。人类认识世界和改造世界的过程，要经过理论、理论的实践性转化、实践应用三个具体阶段。与每一阶段相对应，人才类型可以划分为学术型人才、工程型人才、技术技能型人才。据此，知识也可被分为理论知识、应用知识和技术技能。学科是知识制度化的分类与整合，除理论知识外，学科内部天然内含着应用知识和技术技能。从大学学科的发展看，中世纪大学所开设的文、法、医、神四个学科都有很强的应用特点。工业革命之后整体生态科学技术的迅猛发展，大大提高了大学内部应用知识和技术技能的比例，这不仅使医学、法学等强应用学科留存至今，而且使工学、农学、艺术学、管理学等强应用特性学科充实到大学之中。

在我国13个学科门类中，经济学、法学、工学、农学、医学、管理学、艺学、军事学都有着很强的应用特性,一些学科门类下设的一级学科还对理论和应用做了区分。比如,经济学有两个一级学科——理论经济学和应用经济学。凡知识皆有价值,任何知识都可以运用和应用到实际的生产生活之中。比如,很多人批判教育学只重视构建乌托邦式的理论,不注重应用,但其实他们忽略了教育学不仅研究教育更研究如何解释和改变教育,我国多数师范类院校的教育学科都在培养教师而非培养教育学者。一个更为重要的事实是,非应用型高校和应用型高校的边界变得越来越模糊,很多大学相继成立了应用技术学院,这些应用技术学院有的已经独立为专门学院,有的仍旧仅是大学的二级学院。比如,重庆邮电大学移通学院、重庆大学城市科技学院、苏州大学应用技术学院现已发展为独立学院,中国矿业大学、吉林大学、西南大学、重庆理工大学、西南科技大学、西安工程大学、大连海洋大学、南京林业大学等上百所大学仍以二级学院的形式设有应用技术学院。可见,中国的大学基本上都设置有应用型的学科专业,本是好事。但如果放到应用型高校深化产教融合的语境下,则会出现一些负面效应,即研究型大学的应用型学科强势反而弱化了应用型高校深化产教融合培养实践型人力资源的动力。

无论是从高等教育分层分类的思想,还是国家政策的导向,抑或是地方普通本科高校发展的困境看,着力发展应用型本科教育似乎是地方本科院校摆脱发展困境的唯一出路。但是,现实的情况是,大学并没有夸张到一心培养学术型人才的地步,大学的基因中内含着应用的要素,应用型教育和应用学科专业在现代大学中占据着很大的比例,也有着不凡的规模和地位。在地方普通本科高校向应用型转变的过程中,研究型大学强势的应用学科专业,在继续支配和影响应用型高校的学科专业发展的同时,也为应用型高校这一命题的成立和应用型高校深化产教融合的动力戴上了一套"隐形的枷锁"。

第三节　师资方面

　　教育是教师培养学生的活动，没有好的师资，实践型人力资源的培养就好比没有专职园丁看管打理的果园，不可能结出人们预期的硕果。应用型高校深化产教融合迫切需要"双师双能型"师资的保障，但是应用型高校在短期内很难招到或培养出"双师双能型"教师，这进一步削弱了应用型高校深化产教融合的动力。

一、师资力量不足

　　应用型高校的师资相当薄弱，远逊于地方重点高校和部属高校。应用型高校的教职工数量、专任教师数量、高级职称教师数量、正高级教师占专任教师的比例、最高学历为博士的教师数量及其占专任教师的比例、享受国务院政府特殊津贴专家的数量均低于地方重点高校，更别说部属高校。其中，高级职称教师包括高校中的教授、教授级高级专业技术人员、教授级高级经济师等，副高职称教师包括副教授、高级实验师、高级专业技术人员、高级经济师等，最高学历为博士的教师不包括正在攻读博士学位的专任教师。此外，应用型高校拥有的两院院士、"万人计划"入选者、"千人计划"入选者、"青年千人计划"入选者、"外专千人计划"入选者、国务院学位管理协会学科评议组成员、"973"项目首席科学家、"长江学者"、"百千万人才工程""国家杰出青年科学基金"获得者等国家高层次人才屈指可数，远低于地方重点高校和部属高校。应用型高校薄弱的师资力量，直接造成其在学科实力、科研能力、声誉和教学产教融合的水平方面弱于地方重点高校和部属高校，无法促成行业企业的主动合作，也不利于提高应用型、技术技能型人才的产教融合培养水平。

二、专职教师实践能力不足

应用型高校专职教师的实践教学能力亟待提高。调查发现,应用型高校招聘的青年教师基本上都是校园里走出的硕士和博士,他们科研能力强,但几乎没有在企业待过,不了解一线的实践知识的传授情况,教师的实践教学能力很差。许多45岁以上的教师年轻时曾在行业企业工作过,改革开放后他们逐渐通过进修、读大学成为高校教师,有一定的实践经验,但这些实践经验显然已落伍于时代。许多教师教了十几年书,自己却从没进过工厂。因此,应用型高校要积极引进行业公认专才,聘请企业优秀专业技术人才、管理人才和高技能人才,有计划地选送教师到企业接受培训、挂职工作和实践锻炼,加强"双师双能型"教师队伍建设。调查发现,应用型高校实际拥有的真正的"双师双能型"教师可谓少之又少,许多应用型高校的二级学院"双师双能型"教师的数量通常不超过5名。虽然一些应用型高校号称其"双师双能型"教师占到学校总教师数量的三分之一以上,但实际上真正能既讲好理论课又上好实验实践课的教师可谓凤毛麟角。

三、优秀行业企业师资难引进

由于提供的教师工资待遇较低,应用型高校根本无法引进行业企业的优秀师资。调查发现,重庆市应用型高校的讲师或助教的月收入平均在4 000~6 000元(不计课时费),除去"五险一金"之后,每个月实际到手的可支配收入约在5 000元;重庆市应用型高校的副教授月收入平均可达7 500~8 500元。民办应用型高校的教师待遇还要低于公立应用型高校。相比较而言,重庆市中级专业技术人员的月收入平均在8 000~10 000元,企业给专业技术人员提供的平均工资远高出应用型高校。从人才培养的角度而言，应用型高校希望引进的企业师资往往是大型企业中的中年高级专业技术人员，这个年龄段的专业技术人员既有一定的理论和实践积累，也能掌握本领域的核心技术和前沿问题，能更好地将产业需求和生产的尖端技术介绍给应用型高校的教师和学生，深化产教融合。但是，这个阶段的专业技术人员往往又是企业的"顶梁柱"，企业给他们提供的工资往往高于平均工资，通常在 20 000 元以上。在如此悬殊的工资待遇下，应用型高校当然吸引不到优秀的企业师资。而且学校并不敢贸然给企业师资提供较好的待遇，因为这容易引发整个高校内部薪酬分配的不公平，引起其他教师的不满。更为严重的是，一些应用型高校给企业师资提供的工资是非常低的，有时甚至还不如学校的讲师或助教，这导致其很难从行业企业引进优秀的高级专业技术人员。应用型高校引进高级专业技术人员的待遇远低于博士（进校后一般在一两年内成为讲师）和教授。

四、教师培训阻力大

教师培训是提高应用型高校教师实践教学能力的重要途径。目前，可操作的教师培训方式有三种：教师到企业挂职学习；教师到国外应用技术大学考察学习；教师到国内较好的应用型高校轮岗实训。但是，资金不足、教师培训意愿不高、评价制度、观念等现实条件的束缚给应用型高校的教师培训带来一系列阻力。尤其是教师培训增加了教师的工作量，在薪酬没有相应增加的情况下，多数教师习惯于过去的以讲授课本知识为主的教学方式，并认为按照现有的教学方式照样可以完成教学工作，所以不愿意去企业参加培训。

五、外聘兼职教师不实用

在校内教师实践教学能力不强和优秀的行业企业师资难引进的情况下，应用型高校只好外聘一些兼职教师来弥补"双师双能型"教师的不足。兼职教师主要在企业工作，学校只能要求他们定期或不定期地以讲座、报告、教授少量实践课程的方式参与教学工作，并提供一定的报酬。在如此零散的教学方式下，学生的收获非常微弱。

第四节 实训设施

教育教学的场地设备是影响教育产教融合水平的重要因素。应用型高校深化产教融合，需要实训实践基地、实验（试验）室和教育教学设备的支撑。调查发现，应用型高校有关实训实践实验的场地设备相当匮乏，81.6%的学校管理人员和87.5%的教师认为学校的场地设备不能够为学校深化产教融合提供良好的条件。[1] "巧妇难为无米之炊"，应用型高校连"炊具"的供给都不足，又何谈深化产教融合？

一、校内就业前实践的专门基地数量有限

就业前实践的专门基地也称实训中心，是学生实习（实践）和培训的主要场所，既包括学校自己筹办建立的校内就业前实践的专门基地，也包括学校和企业合作建立的校外就业前实践的专门基地。就业前实践的专门基地是提高实践型人力资源实践能力和职业素养的重要场所，一般为真实或仿真度较高的生产车间或场所，

---

[1] 黄佳. 产教融合一体化育人策略与实践[M]. 北京：中国原子能出版社，2021.

配备有一系列可供学生操作的设备和仪器。调查发现，应用型高校的校内就业前实践的专门基地较少，一所高校通常不超过5个。这是因为就业前实践的专门基地占地面积大、仪器配备数量多，很多基地必须装备一些完整的操作系统而非一两套仪器，需要投入大量的经费，一般的应用型高校很难有此财力。

应用型高校的校外就业前实践的专门基地较多，只要和企业建立合作关系，企业基本可以成为学生就业前实践的专门基地，尽管一些企业只允许学生在企业的特定部门或车间实习。较之校内的就业前实践的专门基地，教师和学生在校外就业前实践的专门基地进行教学的花销很大。其原因在于，学生到企业实训的交通费、住宿费花销较大，学校和学生都不愿意承担这笔花销。因为一则学生缴纳了学费，按规定已经缴纳了参加实训等人才培养的费用，不应该再缴纳其他费用；二则应用型高校的学费收入和办学经费本就紧张，整体生态不愿拿太多的钱支持学生到校外实训，况且高校的学费还被政府规制着。此外，高校和行业企业的沟通成本也不小，尤其是一旦学生出了安全问题，双方极容易出现"扯皮"现象。

二、实验室条件和运行维护缺乏资金

实验（试验）室，也称为实验教学中心，是理工类学科培养人才的重要载体，也是应用型和技术技能型人才培养的重要教学设备。实验室是应用型高校在校内培养人才的重要场所，其经费来源渠道一般为学校自筹、政府专项财政支持和企业募捐等。

应用型高校实验室的经费投入有限。受办学经费的限制，应用型高校很难自筹经费建设大型实验室。以重庆三峡学院为例，其计算机实验教学中心、三峡库区水环境演变与污染防治实验室的建设经费，很大部分源自"中央与地方共建高校基础实验室项目"。

应用型高校实验室的数量少、条件一般，多数实验室处于基本可以支持人才培养的水平。应用型高校几乎没有国家级重点实验室，省级重点实验室数量一般不超过5个，实验室的条件也相对简陋。应用型高校实验室的运行和维护经费有限。实验室的运行和维护包括购置教学设施和实验教学软件、改造实验室环境、安排专门的管理人员。受经费限制，应用型高校很少更换教学设备和实验教学软件，很多实验室建成后几乎没有装修过。由于实验室管理人员没有编制、工资低、工作时间长（很多实验室是24小时开放），且要具备一定的专业知识（如化学实验室管理员必须掌握一定的化学知识），学校很难招聘到好的实验室管理人员。为此，不少应用型高校只好安排教师轮流值班或者高年级学生轮流值日，维持实验室的运行。

三、实践教学设备购买困难

众所周知，大学的一些教学设备非常昂贵，一台仪器、一块材料、一些药剂的价格可能动辄上万。应用型高校经费有限，教育教学设备本就不足。雪上加霜的是，应用型高校深化产教融合培养实践型人力资源，需要购买大量的生产一线的教学设备。实践型人力资源的培养需要让一批又一批的学生长期反复实践学习，校企合作不兴也反过来要求学校购买较多的实践教学设备，这两个方面的现实越发加剧了应用型高校教学设备的紧缺。因此，应用型高校可以采取企业投资或捐赠、政府购买、学校自筹、融资等多种方式加快实验实训实习基地建设。

第六章　高校产教融合的专业群建设

专业群是在我国经济发展方式转变、产业转型升级加快、市场化就业机制逐步形成、职业院校专业建设由"规模发展"到"内涵建设"的背景下出现的时代产物。专业群是选择各院校的重点专业或优势专业作为核心或龙头专业，由两个或两个以上跨二级类的专业，通过核心专业的带动和专业之间的依赖、促进，形成合力，以提高整个专业的教学水平、提高学生的职业能力和提高高等职业院校服务经济社会的能力为目的而组成的专业集合。本章将对以下几个方面的问题进行分析和论证：产教融合专业群的内涵、类型及特征，高校产教融合专业群的架构，建设产教融合专业群的理论依据，产教融合专业群的理论价值和实践意义。

第一节　产教融合专业群的内涵、类型及特征

在21世纪初之前，"专业群"这一概念在我国鲜有提及。2006年教育部、财政部联合发布的《关于实施国家示范性高等职业院校建设计划—加快高等职业教育改革与发展的意见》提出，"十一五"期间将在全国100所示范性高职院校中建设500个左右的专业群，以促进资源共享，提高示范性院校对经济社会发展的服务能力。至此，不仅在高职院校掀起了一股专业群建设热潮，学术界也广泛开展了专业群研究，怎样表述"专业群"这一概念就是大家关注的重要内容之一。本节对产教融合专业群的内涵、类型及特征进行讲解和分析。

一、产教融合专业群的内涵

对于"专业群"概念的理解、界定、阐释通常主要是基于高职院校专业群的实施和实践。检索有关"专业群"的研究文献，专业群的定义有多种表述方式，比较有代表性的有以下几种。

专业群是由一个或多个办学实力强、就业率高的重点建设专业作为核心专业，若干个工程对象相同、技术领域相近或专业学科基础相近的相关专业组成的一个集合。

专业群是建立在"一个公共技术平台，多个专业方向"基础上的，具有共同的专业技术基础和基本技术能力（技能）要求，并能涵盖某一技术或服务领域的若干个专业（方向）的一个集合。

专业群是选择各院校的重点专业或优势专业作为核心或龙头专业，由两个或两个以上跨二级类的专业，通过核心专业的带动和专业之间的依赖、促进，形成合力，以提高整个专业的教学水平、提高学生的职业能力和提高高等职业院校服务经济社会的能力为目的而组成的专业集合。

专业群是由一个或多个重点建设专业作为核心专业，由若干相关专业共同组成的专业集群。

综上意见，我们可以把学者对专业群定义有代表性的表述归纳为相近论、共同论、合力论、核心论。从相关论文引用的频率看，"相近论"认可度比较高，影响面比较广，居主导地位。

相近论强调专业群内各专业行业基础和学科基础的相近性，在实际操作中表现为围绕产业链构建专业群或围绕学科基础构建专业群，着眼于学校教学资源的整合利用，着眼于学生知识能力培养的基础性、延展性。

共同论强调专业群内专业技术基础和基本技术能力（技能）要求的共同性，而且这个专业群是基于"一个公共技术平台，多个专业方向"。在实际操作中突出以服务经济社会为目标，围绕产业链和职业岗位设置专业群；要以核心专业为基础形成专业群特色，并整合师资力量和教学资源；要使专业群的专业设置更有效并丰富学生的职业能力。

合力论认为群内专业可以跨二级类，是否相关并不重要，主要取决于服务经济社会的需要。在实际操作中表现为围绕某个行业的一组相关职业岗位构建专业群，为企业提供打包式的人才服务，降低企业的人才招聘成本。

核心论强调对专业群概念的理解包括两个具体层面，一是核心专业的确定，二是群内相关专业的选择。核心论有"单核心""双核心"之说，顾名思义，所谓"单核心"就是一个专业群只有一个核心专业，"双核心"即一个专业群有两个核心专业。在实际操作中要求突出专业群发展的优势，具体体现如下：资源整合与共享，发挥集群效益；柔性化管理与组织，提高专业适应性；品牌培育与形成，提升竞争力与影响力；外溢效应，提高专业建设水平与创新发展。

当然，研究中还有的把专业群视为"教学管理单位"，即"将专业作为课程的组织形式，将专业群作为学校内部资源使用与人才产出的实体组织"，再以专业群为单元组建二级教学单位；也有的把专业群作为"教学基本单位"，即以专业群为背景开发课程。显然，专业群的这两种组织方式都有实际意义，但概念所指的对象和含义并不相同，前者侧重于资源的组合，后者则希望通过课程整合与重组实现更高水平的专业培养。

专业群是指按照与产业链和职业岗位群对接的原则，由一个或多个核心或骨干专业及其他相关专业组成，并基于"一个公共技术平台，多个专业（方向）"教学体系的专业集群。无论如何定义专业群，必须牢牢抓住以下三个要素。

（一）与产业链和职业岗位群对接是专业群设置的基本依据

脱离产业链和职业岗位群的专业群终将成为无本之木，既没有生存的土壤，也没有存在的价值。职业教育的本质是工作要素的联系，无论哪种成分的职业能力，都是在知识与具体的工作要素之间形成的联系。工作要素由工作的设备、对象、关系组成，工作知识中最基础、最直接的是关于工作要素的知识，因此包含工作要素的工作情境是职业能力成长的环境和基础。这是解释职业教育为什么必须校企合作，企业本位的职业教育为什么优于学校本位的职业教育的关键因素。因此，职业院校专业群内部的本质联系是相近或相似的工作要素，能否"在同一个实训体系中完成其基本的实践教学"是一种衡量标志。"职业教育存在的基础是工作体系"，但"职业联系"并不否认学科知识。

（二）专业群内必须有核心或骨干专业

任何专业群，其内部都必须有一个到两个核心或骨干专业，以引领和凝聚其他相关专业的建设与发展。专业群内如果没有核心或骨干专业，就"群龙无首"，无法实现集聚。而集聚性又是专业群最基本的属性，专业群正是通过这种集聚性才得以实现"1+1＞2"的效果。为此，核心或骨干专业是专业群设置的基本条件。目前，从中央到地方的教育行政主管部门都通过立项开展重点专业建设工作，如教育部早在2001年在确定83个专业为中等职业学校重点建设专业的基础上，颁布了《中等职业学校重点建设专业教学指导方案》，高职院校也开展了特色专业建设工作。随后，教育部、财政部等六部委在全国高职院校开展实施了"国家示范性高等职业院校建设计划"，在中职院校开展实施了"国家中等职业教育改革发展示范学校建设计划"。这两个建设计划都把建设的重点放在专业上，加之在这前后教育部及全国各省市开展的高职特色专业建设及中职重点专业、精品特色专业建设，各职业院校已经形成了一批国家级、省市级特色专业、重点专业、精品特色专业，从而为学校专业群建设打下了良好的基础。各校在不同的专业领域都形成了自己的核心或骨干专业，都有专业建设的领头羊，这些专业作为专业群的核心专业无可厚非。

（三）相关专业的选择是专业群设置中无法回避的现实问题

目前，关于专业群内相关专业的选择有以下不同点：

（1）从基本技能培训与实训资源共享的角度，主张将若干个专业技术基础相同或相关、具有共同的专业技术基础课程和基本技术能力要求，并能涵盖某一技术或服务领域的若干个专业组成一个集群。专业群中各专业可以是同一专业大类中的专业，也可以是不同专业大类中的专业，能否归为一个专业群主要以是否拥有共同的专业技术基础课程和基本技术能力（技能）要求来划分，并且专业群中的各专业方向面向产业链和职业岗位群，能在同一个实训体系中完成其基本的实践性教学。

（2）从基础教学以及师资资源共享的角度，主张将学科基础相同或者同一大类的若干专业构建成一个专业群。例如，以经济、管理学科为基础的旅游管理、工商管理、物业管理、人力资源管理等专业可以构建成经济管理类专业群；在建筑领域中，以数学、力学等学科为基础的建设工程技术、给排水工程、道路与桥梁工程等专业可以构建成建筑施工类专业群，以化学、水力学学科为基础的暖通空调、给排水工程、环境工程等专业可以构建成建筑设备类专业群，等等。

（3）从毕业生就业迁移能力、专业与产业适应性以及社会服务能力的角度，主张专业群的调整和布局以服务产业为目标,以区域内重点发展行业和产业为出发点,通过对某个产业链应用型人才需求状况的结构分析,针对其产前产中产后、售前售中售后等产业链和职业岗位群构建与该产业发展要求相一致的专业群体系,形成链条式专业群。

通过分析专业群定义,我们清晰地看到专业群的形成应具备以下条件:

(1)共同的职业领域。共同的职业领域是专业群形成的前提条件。共同的职业领域,意味着专业群能对应经济社会的相关产业链和职业岗位群,有服务经济社会的明确目标,也就是说正确地找到与经济社会需求相匹配的专业发展的位置。共同的职业领域是专业群生存和发展的空间,对职业学校来说永远值得珍惜。

(2)共同的专业基础。共同的专业基础是专业群形成的必备条件。专业基础主要包括五个方面:一是群内学生毕业后的工作有共同的知识和技能要求。二是群内课程有共同的基础知识和基本技能内容。三是群内要形成既有共性(共享)又有个性(专业方向)的课程体系。四是群内要具备能胜任课程教学的师资力量。五是群内要具备良好的实践教学条件。

(3)一定的专业数量。专业群追求的是集聚效应和规模效应,所以专业群的组成必须具有一定规模。何谓"群"?《说文》:"群,辈也。从羊,君声。"又说:"辈,若军发车,百辆为一辈。从车,非声。"《国语·周语》有"兽三为群"之说。明代余继登《典故纪闻》也有"三五成群,高谈嬉笑"。故"三五成群"在我国成为一句耳熟能详的成语。可见,一个群要由三个或三个以上的人,或同类动物、事物组成。专业群也不例外,一个专业群必须具备三个或三个以上专业或专业方向,否则就不能称为"群"。

(4)一定的专业特色。专业特色包括专业设置特色、课程体系特色、课程资源特色、师资队伍特色、校企合作特色、教学实践特色等。这些特色越鲜明，专业群的社会吸引力就会越高，运行的活力就会越强，生命力也就越旺盛。

二、产教融合专业群的类型

专业群可以从不同角度划分为不同的类型，这里我们主要从专业结构的角度把专业群划分为双核心型、单核心型、骨干辐射型和协同（合作）发展型四种类型。

（一）双核心型

双核心型是一个专业群以两个核心专业为引领，形成双轮驱动发展模式。这种专业群发展模式在内部形成两个关联性强、相互依赖的核心专业。核心专业之间形成相互竞争，能够相互带动，内动力强，建设效果一般都非常理想。由于平衡发展的需要，专业能够共同发展，避免优势专业独占资源、非核心专业动力不足而出现发展滞后的现象。这种专业群发展模式的不足是教学资源容易分散，而且由于竞争的存在，容易产生矛盾，需要经常进行协调和沟通，充分发挥"双核心"的独特优势，保持专业群发展的长盛不衰。双核心型专业群的构建要求比较高，在中等职业学校比较难以形成。

（二）单核心型

单核心型专业群内只有一个核心专业为引领，其他相关专业以其作为中心集聚在一起，并借助其品牌、市场、师资、资源等各种优势，引领整个专业群的稳定发展。单核心型专业群的一个核心专业，犹如家庭中的独生子女，内部占有大量资源，优先发展机会多，承担带领非核心专业发展的任务重。与双核心专业群相比，这种专业群内部竞争不足、资源分配容易不均衡、专业平衡发展的可能性小，如果共享机制不健全，会形成一方独大的局面，从而降低专业建设的效率。为此，从专业群建设的角度，单核心专业群对核心专业的引领作用要求更高。由于专业实力的局限，单核心专业群目前在中职学校中比较普遍存在。

(三) 骨干辐射型

骨干辐射型专业群是内部没有核心专业，但有一个或若干个专业的办学历史比较长，市场需求比较稳定，师资力量比较强，教学基础条件比较理想，专业文化积淀比较深厚，在相关行业企业中和社会上有一定的社会影响力，能够辐射相关聚集专业并带领其共同发展。这类专业群的建设策略是继续加大投入，尽快使骨干专业升级为核心专业；尽量发挥专业的辐射作用，通过共建共享，推动专业群的整体发展。

(四) 协同 (合作) 发展型

协同论是系统科学的一个重要分支。协同的特征是合作与自我组织的科学性，其共同属性是协同的主体系统由不同的下级子系统构成，这些子系统中的各要素产生互动，继而形成复杂的开放的非线性系统。从协同论的角度来看，专业群是学校系统中的一个子系统。因为协同（合作）发展型专业群中缺乏核心专业引领，所以我们把这类专业群看成是"松散型横向一体化战略联盟"。这类战略联盟运行的基本规则是目标统一、主体独立、资源共享、管理协同。组建这类联盟是为了适应人才培养目标和社会经济发展的需要，不同专业在不打破原来的人员隶属关系、维持原有组织稳定性的基础上，围绕共同的重大项目或课程，把相关的专业组合在一起，进行可持续的有效合作，以达到集聚、共享、互补的效果。协同（合作）发展型专业群内既没有核心专业，也没有骨干专业，主要是学校为了满足区域产业转型升级，为新兴产业的发展提供人才支撑所采取的特殊应对措施。这类专业群因为主要面向新兴产业，专业普遍比较新，学校办学基础相对薄弱。由于缺少龙头专业的引领与辐射，群内专业建设的起点比较低，凝聚力比较弱。但优点是资源分配比较均匀，共享程度比较高，专业建设的热点也比较多，各种社会任务接踵而来，专业发展速度比较快，社会影响会迅速得到扩大。

三、产教融合专业群的特征

专业群内涵丰富，特色鲜明，归纳起来主要有以下四大特征：

（一）集聚性

专业群是具有共同的专业技术基础和基本技术能力（技能）要求，并能覆盖相关职业领域的专业集合体。专业群一般集中在一个校区或一个校区的特定空间，具有空间位置上的集中性。凡有影响力的专业群都能形成以知名品牌专业为代表、相关专业集聚在一起的"专业园区"。专业群的集聚性有利于夯实专业基础，发挥专业规模的聚合效应。

（二）专业性

专业群内单个专业都有自己明确的针对某个产业领域职业群和岗位链、更加专业化的技术领域，有与这些职业群和岗位链相对接的课程支持，形成更加专业化的特征。专业群的这种专业性特征使群内个体之间融通共生，有利于形成品牌优势和品牌效应。

（三）融合性

专业群是一个利益共同体，群内通过德育活动、教学活动和有效管理形成紧密的关系网络。网络中的各主体频繁进行交流互动、学习合作、协同共进，为实现优势互补、资源共享创造了条件。专业群的最高境界是专业的融合、课程的融合、师资的整合、资源的融合、校企合作的融合、教学基地的融合。这些元素的整合程度越高，专业群的效率就会越高。

（四）创新性

专业群容易形成"相互了解与信任"的竞争与合作气氛，这种气氛有力地推动了各个集群的创新，并能促进这种"创新"在集群之间的模仿、消化与扩散，产生衍生效应，从而保证为专业群的可持续发展提供强大动力。

第二节 高校产教融合专业群的架构

职业院校的专业群建设是学校整体水平和基本特色的集中体现，决定了一个学校的知名度、美誉度。高职院校的专业建设是一项系统工程，是学校适应社会人才需求和引导社会人才消费的一个基本尺度，反映学校对社会经济发展、科技发展和职业岗位的适应程度。专业群建设的好坏直接影响到高职院校的招生、学生的培养及毕业生的就业与创业，事关高职院校的生存与发展。

当前，在职业教育大发展的背景下，专业建设已由规模迅速扩张转入了内涵建设阶段，专业群建设成为解决目前专业建设所面临"瓶颈"问题的最佳途径。高等职业院校专业群建设为地方高校产教融合专业群建设提供了参考和借鉴，对高职院校的发展有着重要的战略性意义。

一、高校产教融合专业群组建方式与途径

国家示范性高等职业院校以其建设实践对专业群的内涵进行了很好的阐释。高职院校的专业群组建主要明确两个方面的内容：一是核心专业的确定；二是群内相关专业的选择。从高职院校专业群建设项目实践来看，对于核心专业的确定，各院校基本形成共识，即根据本区域经济社会及产业发展需求，依据自身专业建设的基础、支撑专业群建设的基本办学条件，选择各院校的重点专业或优势专业。作为核心或龙头专业，在群内相关专业的选择上，各高职院校存在差异，主要有三种模式，这三种模式从某种程度上来说也体现了在不同的专业群建设理念指引下不同的专业群建设途径。

（一）围绕职业岗位（群）选择群内专业组建专业群

职业教育的专业与职业有着紧密的联系。专业是以职业岗位（群）为依据，与职业岗位（群）具有一致性。以职业岗位（群）为依据，基于基本技能培训与实训共享角度，或针对一个行业岗位，或针对一组相关的职业岗位，或针对一些社会公有岗位来设置专业，以构建相应的专业群。在专业群中根据自己的优势与特色确定品牌专业、特色专业和一般专业。通过品牌专业促进其他专业的发展，从而形成由品牌专业、特色专业和一般专业组成的具有内在联系、相互支撑的专业群结构。专业群各专业可以是同一专业大类中的专业，也可以是不同专业大类中的专业，能否归为一个专业群，主要以是否拥有共同的专业技术基础课程和基本技术能力（技能）要求来划分，并且专业群中的各专业或专业方向、面向企业中的岗位群，均能在同一个实训体系中完成其基本的实践性教学。通过这种专业群建设为学生职业迁移能力的提高提供平台，提供共同的知识和技能训练，获得

在一定行业范围内的职业迁移能力。在这种模式下，专业群的课程体系大多采用"平台+模块"的形式，群内各专业间更强调横向的联系。

（二）围绕产业链选择群内专业组建专业群

基于高职毕业生就业迁移能力、专业与产业适应性以及社会服务能力，专业群的布局和调整以服务产业为目标，以区域内重点发展行业和产业为出发点，通过对某个产业链应用型人才需求状况的结构分析，针对其产前产中产后、售前售中售后等产业链和职业岗位群构建与该产业发展要求相一致的专业群体系，形成链条式专业群，即围绕产业链组建专业群。这种思路最适用于行业办学特色明显、专业大多面向同一产业领域且该产业已形成较成熟的产业链的高职院校。这类高职院校往往针对某一产业领域的教学资源积淀比较深厚，在相关专业的建设上有传统优势，对产业的发展趋势把握也比较敏锐。因此，它们以核心专业为龙头，根据产业链的发展和延伸，带动专业的开发和调整，形成专业群的效率会比较高，专业群布局也会更为科学。

（三）围绕学科基础选择群内专业组建专业群

高职教育的专业是具有一定的学科基础的，基于基础教学以及师资资源共享，将学科基础相同的若干专业构建成一个专业群。例如，前文提到的以经济、管理学科为基础的旅游管理、工商管理、物业管理、人力资源管理等专业可以构建成经济管理类专业群，等等。这种专业群的构建方法类似于目前的院系制，其与构建职业教育专业群初衷的一致性及其提高人才培养质量、提高职业院校服务于区域经济发展能力的有效性值得商榷。

需要明确的是，专业群肯定不是若干专业的简单拼盘，否则名为"群"，实则是以"群"之名重新切割教育资源、铺排专业分布,对专业建设本身没有实质性意义。目前,高职院校的专业群是若干相近专业组成的集群,通常这些相近专业有着共同的资源基础、技术基础和相近的社会关联基础,能在同一实训体系内完成实践教学任务或对应的是产业链。归结起来,以国家示范性高职院校的办学实践与专业群建设为例,其专业群建设一般均是为满足本区域经济社会的发展,立足自身办学条件和专业建设基础,着眼于区域内发展前景好、产业链条长的优势产业,以形成专业建设积聚效应、提高学生岗位群适应力为目的,以特色优势专业为龙头对应若干企业岗位群的若干专业的集群。形成高职专业群的相近专业不是以学科分类为依据,而是可以跨学科、跨类别进行专业集群建设,但从目前国家示范性高职院校的专业群建设实践来看,跨专业大类组建专业群的还是比较少见的。

无论何种组建方式、何种途径,高职院校组建专业群的目的不外乎促进教育资源整合与共享,发挥集群效益;推进课程改革和课程体系建设;促进师资队伍培养与建设;发挥优势核心专业带动作用,提高专业群建设整体水平,最终提高高职院校核心竞争力,提高高职院校对经济社会发展的服务能力。

二、高校产教融合专业群建设的基本原则

专业群的构建具有必须依托产业、行业企业的特性。从当前高职院校专业群建设的实践来看,各院校对此已有充分的认识,因此在专业群建设中,依据地方产业发展的现状与前景,积极开展对本专业领域人才的需求调研与预测,并依据自身专业建设的基础、支撑专业群建设的基本办学条件等进行专业群的建设。在这一过程中,一般遵循以下基本原则。

（一）科学性原则

高职院校的专业群建设基本遵循着三个"依据"，即依据所在区域的发展需求及区域支柱产业和新兴产业的发展方向，依据院校自身的行业背景与未来发展规划，依据学院自身的办学基础，包括办学条件与资源配置现状等，选择进行重点建设的专业与相应的专业群，实事求是，因地制宜，科学设计，避免盲目或跟风式的建设。

（二）系统性原则

专业群的构建过程既是对现有专业的梳理、重组过程，对当前以专业为单位的资源的二次配置过程，也是对专业未来发展趋势的研判过程。这一过程主要包含课程体系建设、师资队伍建设、实训基地建设等多方面的内容，是一个系统的工程。各院校在建设实践中，对每一个环节的建设都辅以系统的配套性建设规划。同时，协调好专业群内各专业的内部逻辑关系，使专业群成为一个有机的统一体。

（三）动态性原则

专业群的数量、构成专业群的专业、专业群的建构模式甚至专业群本身存续与否，都不是一成不变的。特别是在当前市场人才需求多变的情况下，各院校在专业群的建设中力求突出灵活性，围绕区域经济和社会发展规划、生产力布局、产业结构调整、宏观经济政策变化等多方面的因素，适时调整专业群建设思路，应对教育环境的不断变迁，处理好专业群建设的相对稳定性与灵活性之间的关系。

（四）创新性原则

专业群建设追求的是"1+1＞2"的效果，因而专业群建设的过程不是一个简单的算术加减过程，而是一个创新的过程。对于高职院校建设来说，专业群的建设意味着要打破高职院校一直延续的按专业设置来组织教学和管理的传统模式，意味着要进行院校发展模式的创新、教育教学理念的创新、组织与管理模式的创新、人才培养模式的创新。因此，对于各院校而言，专业群建设本身就是创新性发展的过程。

（五）前瞻性原则

院校的发展要有长远性规划，专业群的设置要体现战略性眼光。因此，各院校在专业群建设过程中，一般均要通过对人才市场的深入调研和敏锐观察，掌握本专业领域的人才需求状况，做出合理的人才需求预测，适度超前地设置专业、建设专业群，并适当地、逐步地淘汰一部分专业，突出重点，以更好地解决人才培养的滞后性与周期性问题，避免由于追逐所谓的"热门专业"而造成不必要的人才浪费和人才的结构性失调，为区域经济社会的发展提供更有力的人力资源保障。这也是高职院校办学特色的一种体现。

三、高校产教融合专业群建设的重点内容

高校产教融合专业群建设的重点内容集中体现的是人才培养模式的创新，也是院校发展模式的创新。

（一）以"双师型"教师团队建设为重点的专业群师资队伍建设

师资团队建设是专业群建设中的一项重要内容。专业群建设有利于教师团队的形成，在专业群的基础上，必然形成师资队伍集群，形成某类专业建设的良好师资队伍环境。同样，加强教师团队建设是提高专业群建设质量和水平的关键和

根本所在。在专业群建设的过程中,应按照专业的合理布局,调整师资的知识、能力结构,以高素质的师资团队支撑专业群建设。从部分国家示范性高职院校近几年来的师资团队建设实践来看,绝大多数院校的总体思路基本上是一致的,即围绕专业群建设,强化"双师型"骨干教师的培养,打造一支年龄、学历、职称、专业、知识、学缘、专兼等结构合理,以专业带头人为龙头、"双师型"教师为主体的共享型教师团队。主要是做好"三支队伍"的建设工作,即专业带头人、专业骨干教师及兼职教师队伍,其基本做法主要是引进、聘请及培养。

1. 加大人才引进力度,积极选拔聘用

选好专业带头人,特别是选好专业群内核心专业的带头人,是教师团队建设的关键。各院校在实践中,根据重点专业对人才的需求,加强引进相关专业领域高技能、高技术、高素质的人才,尤其是专业带头人和骨干教师,以优化教学团队结构。积极选拔、聘用具有号召力、向心力和凝聚力的专业带头人,以提高专业建设起点。

2. 积极聘请

聘请区域内和专业领域内既熟悉专业,又能从事实训课程建设、理论与实践环节教学,在校企合作、就业等工作中发挥作用的企业技术骨干为兼职教师,使专兼职教师结构更加合理。积极聘请行业企业骨干或能工巧匠承担实训教学环节。

3. 着力培养

制订教师培养培训计划,选派骨干教师到国内外重点高校进修学习,参加国内外学术交流、研讨会,鼓励重点建设专业带头人或骨干教师到企业实践锻炼或在企业兼职,参与企业技术指导及校企产学研项目,提高教师的专业素质及实践技能水平。

某国家示范性高等职业技术学院重点专业（群）师资团队建设计划如下：

（1）按照每个重点建设专业配备2名带头人、其他专业配备1名带头人的要求，通过培养（包括现有专业带头人的继续培养）和引进，专业带头人达到46名。其中，重点建设专业的带头人中至少有1名被聘为正高级专业技术职务和具有"双师"资格，其他专业的带头人须具有副高级以上专业技术职称和"双师"素质。

（2）按照国家重点建设专业引进和培养5~6名骨干教师、其他专业引进和培养4~5名骨干教师的要求，学院专业骨干教师达到170名以上，并保证每个重点建设专业的骨干教师均具有副高级以上职称或高级职业资格证书和"双师"素质，其他专业的骨干教师均具有副高级以上职称或硕士以上学历，90%以上的骨干教师具有在企业工作和实践的经历。

（3）调整和充实从企业行业聘请的兼职教师队伍，按照每个国家重点建设专业聘请5~6名企业行业技术专家、其他专业聘用4~5名企业行业技术专家的要求，聘请行业企业技术骨干、管理骨干与能工巧匠担任兼职教师的人数不低于180名。

（4）鼓励中青年教师在职攻读博士或硕士学位，青年教师具有硕士研究生以上学历的比例达60%以上。

（5）以3年为一个周期，保证每位无企业工作经历的专业教师每年至少平均有2个月在专业对应的行业企业接受技能培训或为行业企业服务，保证每位从企业引进的骨干教师全部有到教育部教师培训基地接受培训的经历。

（6）根据学院专业发展需要，积极创造条件，优先让专业带头人出国（境）学习培训，学习发达国家或地区先进的职业教育理念和方法，使专业带头人均能出国（境）学习培训。

（二）共享性配套实习实训基地建设

实训基地是高等职业教育中对学生实施职业技能训练和职业素质培养的必备条件，是提高人才培养质量的关键。专业群建设与实训体系互为依存、相互彰显，缺一不可。如果只组建专业群，而没有实验室、实训室与之相配套，专业群的优势也就不再存在，也就失去了专业群建设的实际价值。

从实践来看，当前高职院校共享性实习实训基地建设的基本做法与思路是本着建设主体多元化的原则，多渠道、多形式筹措资金，积极建设校企结合的生产性实训基地，由学校提供场地和管理，企业提供设备、技术和师资支持，以企业为主组织实训，充分利用现代信息技术，开发虚拟工厂、虚拟工艺、虚拟实验，着力实现理论教学与实践教学有机结合、仿真模拟与实际操作有机结合、校内实训与校外实训有机结合。

（1）围绕重点建设专业，以专业群内各专业的核心技能训练为基础，按专业群分类组建融教学、培训、生产、职业技能鉴定和技术研发于一体的校内综合实训中心。按照职业岗位（群）对技能的要求和教学大纲的要求，实训基地建设内容尽可能创造企业的真实场景，营造真实的职业环境，模拟职业岗位进行实际操作训练和技术培训。

（2）工学结合、校企合作，共建生产性实训基地。依托行业，联合企业，增加相对稳定、深度合作的校外生产性实习基地，满足学生顶岗实习需求；与行业企业共同制定生产性实习实训基地建设规划，进行生产性实训项目的开发。从生产性实训环境、生产性实训项目设计、企业文化氛围、企业管理模式等方面营造真实或仿真职业氛围，模拟或仿真生产工艺流程，建设综合性实训室和生产性实习车间，实现课堂与实习地点一体化，满足校内生产性实训的需要，满足职业培训和技能鉴定的需要，满足面向社会技术服务的需要。

创新实训基地运行管理机制与模式。重点建设生产性实训基地，实施以产养学的新模式、多方投资的新体制，探索实训基地企业化管理、市场化运作。在承担职业院校同类专业进行技能实训的同时，承担各级各类职业技能的培训任务，使实训基地在地方经济、社会中发挥服务和辐射作用。通过市场化运作和成本核算，加强设备管理、工具管理、材料管理以及教学管理，通过科学的管理，逐步形成系列化的实训项目、配套的实训教材、一流的指导教师、完善的管理规范。以产养学，实现实训基地效能最大化、教学成果最优化和社会效益最大化。

（三）加强课程体系建设，创新专业群人才培养模式

专业群内的专业由于工程对象相同、技术领域相近或专业学科基础相近，所以在课程内容上有相当一部分共同的理论、技术、技能基础。因此，基于专业群建设的课程体系，适合采用"平台+模块"的模式构建。平台是根据专业群对高等技术应用型人才所必备的共同基础知识和基本技能，以及各专业技术的共性发展和学科特征要求而设置，由公共课和职业技术基础课组成的。公共课针对所有专业，按照培养社会人的要求，突出培养现代社会对人所要求的最基本素质；职业技术基础课是专业群内各专业共同必需的生产技术知识、产品技术知识、材料技术知识和职业基本技能，是按行业内职业人可持续发展的要求开设的课程，是毕业生可持续发展的基本保证。模块是根据不同的专业（专门化方向）而设置，由体现专业（专门化方向）特色的课程组成的。学生根据自己的兴趣特长和就业需要自由选择其中一个模块进行学习，主要实现按不同职业方向进行人才分流培养，较好地解决专业群内各专业存在的问题。

各示范性高职院校在专业群课程体系建设、创新专业群人才培养模式方面的主要思路与做法如下：

（1）基于工作过程开发项目课程。高职院校以职业道德养成和职业能力培养为主线，构建学生的知识、能力和素质结构体系。根据技术领域和职业岗位（群）的任职要求，参照相关的职业资格标准，校企合作改革课程体系。加强专业核心课程建设，开发基于工作过程的项目课程，形成国家、省、市和校级四级精品课程。

（2）加强教材建设，重点建设好国家规划教材，校企共同开发实训教材，确保优质教材进课堂。

（3）加强专业教学资源建设。专业教学资源建设是示范建设的重要内容。首批高职院校已基本建成数控技术、汽车检测与维修技术、应用电子技术、道路桥梁工程技术等专业教学资源库。同时，各院校均注重优质教学资源和网络信息资源的利用，共建共享，扩大受益面。该课程体系按岗位工作领域分析典型工作任务，确定符合相应能力的课程模块单元，再由课程模块单元对应构建学习领域，即课程，对复合交叉技能的培养有较好的适应性和可操作性。体系中三个系统能力模块既独立又相互联系，充分体现模块化教学的特点，具有教学资源的共享性，有利于教师资源的优化组合，有利于专业群共享平台的构建。其中，机械模块与电气模块可以和其他相关专业灵活组合，并能够根据社会经济的需求，开发出更多相关领域的专业模块，具有较好的社会适应性，也为全校相关专业建立了一个共享的公共实验实训平台。

四、高校产教融合专业群建设的主要特点与问题

(一) 高校产教融合专业群建设的主要特点

从高职院校专业群建设实际状况看，目前我国高职院校专业群建设具有以下几个特点。

1. 建设动力主要来自政策层面

我国高职院校专业群建设是作为示范性高职院校建设的重要任务提出的，所以依靠政府、政策力量自上而下地推动。各院校专业群建设的动力明显具有外部力量推动的特点。这种来源于政府政策推动和明显的外部激励机制的建设动力，具有强大的推进力，建设初期会实现快速启动和迅速发展。但这种政策层面的推动与引导，有可能会出现为迎合或获得某种利益而导致的应急、应景等形式主义做法，某些群的建设仅停留于方案层面，缺乏实际运行和深层改革。

2. 建设模式基本采取内生式发展

各高职院校在专业群选择上，主要以学院现有专业为基础，以已经形成的优势专业、特色专业作为核心专业或龙头专业，将现有的其他专业按照专业群建设的目标进行组合，形成学院的重点建设专业群。这种内生式建设模式有利于现有资源的整合和对已有专业办学水平及实力的提升。为促进高职院校专业群建设的发展，一些省市教育行政管理部门在审批、备案新增高职专业时，对符合院校专业发展方向和办学特色的群内新增专业予以鼓励，实行引导发展，对群外相关度小、专业基础差的专业实行限制发展。

3. 建设路径突出产学结合

高职院校专业群建设（人才培养模式、课程体系与教学内容改革、实验实训

条件建设、师资队伍建设）的实践显示，各高职院校专业群建设路径大多遵循校企合作的模式，突出产学结合特点。通过创新校企合作的机制体制来推动专业建设的改革与创新。

（二）高校产教融合专业群建设存在的主要问题

高职院校专业群建设已经成为学校走内涵发展道路、提高区域服务能力的重要途径。在行政外力的推动下，各地的专业群建设正在积极推进。但是，我们必须清醒地看到，在这项系统工程的建设中，由于对一些基本问题的认识不清晰，作为新生事物，专业群的运行机制还不够完善，诸多问题影响着其健康发展。

1. 专业群的管理与运行存在不足

许多高职院校虽然已经把专业群建设纳入学校的发展规划，从机制上建立了专业群，但实际上仍然停留在传统的专业建设思路上。对专业群的组织架构、人事安排、待遇薪酬等管理与运行方面考虑欠缺。比如，没有完善相关岗位职责和管理制度，专业群负责人权力责任不明、处境尴尬，无法充分发挥专业群负责人作用。另外，如果突破资源共享、专业灵活调整等专业群建设单一目的倾向，以更开放、更宽阔的视野来看待专业群建设，则可能会出现专业跨分院、跨学科组群，甚至有的专业可能同时属于不同的专业群等情况。在这种情况下，专业群内各专业之间的关系应如何处理，专业群应以什么样的组织形式来进行管理，则是高职院校专业群实践中必然面临的问题。专业群作为一种新的教学形式，必须有与之相适应的组织管理形式，才能保证其持续、平稳、健康地运行和发展。可以由专业群的龙头专业主任兼任专业群负责人，专门负责专业群建设；或者专门设立专业群主任岗位，建立教学部门负责人领导下的专业群主任负责制。

2. 专业群评价机制尚未建立

专业群建设评价指标体系是专业群建设的依据、计划及实施过程和成果的具体化体现，专业群建设的好坏很大程度上取决于专业群评价指标体系是否科学合理。高职教育领域专业群建设的研究起步晚，如何建立一个科学合理、具有指导意义的评价指标体系，现在还没有现成的研究成果和实践经验可以借鉴。实际上，很多高职院校虽然有专业群这一教学机构称号，但还是按专业在建设，专业群的评价机制没有建立起来。高职院校应当制定一套切实可行的专业群建设评价体系和标准，按一定周期进行考核，这样不仅能促进专业群建设，而且对学校整体专业建设水平有提升作用，更主要的是能带动整个学校教学水平的提高。

3. 专业群的专业划分合理性不够

当前，高职院校的专业群多以专业技术基础相同或相关、具有共同的专业技术基础课程和基本技术能力要求、能涵盖某一技术或服务领域的若干专业为原则组建。所以，属于同一专业群的多个专业应该具有共同的行业基础或行业背景，且有共同资源基础、技术基础。这些专业群有共同的职业基础、资源、技术和社会基础，其内部存在共同的课程基础，如存在共同的基础理论课程、共同的技术课程甚至共同的核心课程。但是，实际上很多高职院校的专业群划分不够科学合理，很牵强地把一些不相关的专业划分到同一专业群里，或大都仍限于现有系部的内部，很少有跨系部的专业群合作，造成资源不但没有得到共享，反而限制了该专业的发展。无论从学生就业还是为企业提供服务方面看，都是有局限的。当然，专业群建设过程中还存在其他问题，如核心专业的辐射带动作用不明显等。如何使专业群具有经营专业的功能，如何充分发挥专业群在人才培养工作中的作用，如何实现教育教学管理在人才培养过程中的实质性融合，这些都需要在实践中逐步摸索。

4. 特色性与创新性亟待加强

从宏观上看，我国高职院校专业结构与我国经济和社会发展的结合不能说不紧密，专业结构同质化的问题也比较突出。在微观层面上，高职院校专业建设加快特色发展、突出模式创新显得尤为迫切。高职院校的发展必须追求特色化已得到共识。虽然示范性高职院校建设有"整齐划一""统一标准"之嫌，但不能否认的是，它推动了一些新的发展理念如专业群建设理念的付诸实践，客观上有效地促进了高职院校的发展。

需要明确的是，专业群建设是手段而不是目的。"群"应该是一个动词化的概念，强调的是专业以"群组"的方式共同发展，不能将其名词化而单纯看作一些专业的聚合，那样就失去了进行专业群建设的真正意义。"群"的建设是一种发展模式的创新，即人才培养模式的创新、实训基地建设管理模式的创新、院校管理与发展模式的创新。因此，当前的高职院校专业群建设呼唤创新性的实践探索、理论的总结提升，以创新性的理论来指导实践，以实践来促进创新性理论的发展。

五、高校加强产教融合专业群建设的思考

专业群建设作为一个新生事物，顺应了时代发展对教育的新要求，具有诸多优势。同时，这也是一项复杂的系统工程，打破了我国一直延续的按专业设置来组织教学和管理的传统模式，对学校的管理和组织架构、教师和学生的思想认识、具体过程的组织实施和评价等诸多方面都带来了很大的冲击，实施过程中碰到种种问题是不可避免的，并且这些问题不是一朝一夕就能解决的。有的学校已经入围国家示范性建设高职院校，但专业结构并未因此而在短时期内得到迅速优化，结构调整依然任重道远。在建设实施过程中需要坚定信心，确定阶段性重点突破的目标，不断总结经验，克服困难，推进专业群建设平稳有序地进行。

（一）因地制宜，避免盲目性建设

专业群建设关系到高职院校专业布局和办学特色的形成，对于高职院校的长远发展将产生重大影响。专业群建设不能脱离高职院校赖以生存与发展的客观环境和自身的具体条件。一所学校不可能把所有专业都办成特色专业，必须发展比较优势，努力在几个专业群上办出特色，提升学院的品牌优势。高职院校要围绕区域或行业的需求和发展，规划专业群布局，即从学校所处的社会环境、地理环境、经济环境和自身所具有的办学基础条件出发，结合广泛、深入的市场调研，寻找、确定若干行业，作为专业群建设和发展的背景与依托，逐步建立起若干专业群，特别是将专业群中的核心专业作为建设的重点，将这些核心专业建设成为精品专业，带动整个专业群的发展。同时，专业群建设是一个逐步发展的过程，要从行业和社会发展的实际需求出发，结合院校拓展新专业的可能性，逐步推出新的专业方向或相近相关的新专业，构建起一个以重点建设专业为龙头、相关专业为支撑的独具特色的专业体系。

（二）明确内涵，避免形式主义

专业群建设绝不是群内各专业建设内容的简单叠加，需要整合、融合、糅合。既有共享、集中，又有分布、独立；既有刚性的硬约束，又有柔性的软约束；既有统一的平台，又有分流的模块；既有主干支撑，又有枝叶相辅。其重点是要在"群"字上下功夫，实现"1+1＞2"的功能。目前，一些高职院校将专业群建设理解为某个重点专业的建设，或者只是把一些专业组合在一起即可称为"群"，"群"的建设更多停留在建设方案中，有为获取某种利益而走形式之嫌疑，违背了高职院校专业群建设的实质意义。

高职院校在专业群的建设过程中应认真研究"群"的内涵，根据所依托的区域经济社会发展状况、产业结构升级与调整情况、院校自身的比较优势以及专业自身的特点来选择适当的模式。只有对专业群建设的内涵有着明晰的认识，才能始终秉持进行专业群建设的终极目标，即有利于提高人才培养的质量、有利于更好地为区域经济社会发展提供人力与智力保障。

（三）把握原则，提高建设实效性

在专业群建设过程中，要把握以下几个原则：

1. 专业群建设的指向性

在外部指向性上，建设专业群是为了更好地满足区域经济社会发展、行业企业对高素质技能型人才的需求；在内部指向性上，建设专业群是为了创新人才培养模式，提高专业的适应性，加强资源共享，提高办学效益。从本质上来说，建设专业群是为了提高人才培养质量，增强学生就业能力、创业能力、可持续发展能力，从而提高职业教育自身的健康可持续发展能力及服务社会的能力。

2. 专业群资源配置的合理性

专业群的建设是一项系统工程，是资源合理配置、不断优化的过程。高职院校应通过办学积累、历史积淀和实践检验，使专业结构更加合理，内涵更加丰富，横向有广度，纵向有深度，优势突出，特色鲜明，课程体系与教材开发、校内外实训基地以及师资队伍等群内资源效益达到最大化，具备较强的核心竞争能力。

3. 专业群内专业的相关性与主辅性

组成专业群的专业都是关联性较强的专业，或者具有共同的专业、学科基础等内在逻辑关系，或者具有共同的行业、职业基础等外部依存关系。同时，群内的专业在地位与功能上并不是等同的，有主干与协同、核心与辐射的关系。通过龙头专业的支撑、带动作用，集合相关专业，形成集群优势，并经过集成创新实现集成绩效。

4. 专业群规模的适当性

专业群小了，不足以发挥效益；专业群过大，管理成本的上升反而会抵消组建专业群带来的收益。因而专业群应当有一个合理的规模。

5. 专业群发展的动态性

专业群的构建必须紧跟产业链的发展。专业群建设是市场需求变化与高职院校内在发展相结合的产物。产业的发展是动态过程，产业链伴随着技术的发展、地区产业结构的调整和梯度转移、社会需求的变化而处于不断的延伸与萎缩中，因此专业群的结构也要处于不断的调整过程中。这种调整可以是专业群内部旧的专业或专业方向的改造、新的专业或专业方向的开发，也可以是学校整体专业集群结构的改造和拓展延伸。

第三节 建设产教融合专业群的理论依据

多数学者认为，专业群源于经济学领域中的产业集群理论，而产业集群的形成又是基于资源集聚的比较优势而带来的集聚效应、效率效应、规模效应和扩散效应，从而提高绝对竞争力，其目的是追求成本最经济、效益最大化。职业教育与区域经济社会的发展有着密切的联系，职业教育要为人的发展服务、为经济社会发展服务，这是职业教育的本质属性所决定的。职业院校培养高素质技能型人才，其专业建设与地方产业集群发展有着必然的联系，随着职业院校的发展模式由规模式走向内涵式，集群的概念也逐步由经济领域走进了大家的视野。为此，我们对产业群理论做一些基本了解是非常必要的。

集群理论的研究起源于19世纪末，是集中针对产业集群或企业集群而进行的。产业集群研究表明，性质相近、互为依存的经济个体合聚一地，能在竞争与合作的过程中，带来集聚、共生、协同以及衍生效应，获得强劲、持续的竞争优势，从而推动整个集群健康、有序、和谐发展。产业集群对提高产业竞争力和应对经济全球化越来越重要。产业集群之所以显示出如此强劲的优势，在全球备受瞩目，是与集群本身的结构特点密不可分的。

关于产业集群，国内外学术界对其定义差异非常大，概括起来基本可以分成两种类型：第一种类型认为产业集群仅仅是一堆类似或相同性质的企业（即使存在相互联系的潜在可能）在地理上集聚。第二种类型认为产业集群不仅是相似或者相同的企业在地理上的集聚，也重视集聚体内主体的联系，其概念特征与一些文献中提到的产业区概念类似。无论学者们如何定义，一般都涵盖以下三个方面的内容：

（1）产业集群是对应于一定的区域而言的，是建立在专业化分工和协作基础之上的经济活动的一种空间聚集现象。

（2）产业集群依赖于特定的社会关系网络，是一个包含了某一产业从投入到产出以至流通的各种相关行为主体的完备的价值增值网络。

（3）产业群是一个介于市场与等级制之间的新型的、高效的经济组织形式，在其内部能实现知识和技术等现代资源的充分流动。

产业集群理论从最初对产业地理集聚现象的观察，到描述、分析、比较这一现象，再到导入集群的概念，然后以此为基础，探讨集群竞争优势及其成因，分析集群的演变与形成机制的过程，也就是产业集群从启蒙、演进到成熟的过程，在理论界已有70年之久。直到20世纪90年代，美国哈佛大学著名管理学家波特（M. Poter）、普林斯顿大学经济系教授克鲁格曼（P. Krugman）对产业集群进行了一系列的经典论述，方才宣告产业集群理论的最后形成，并引发了新的产业集群研究，最终形成了目前这种经济学、管理学、经济地理学、社会学、教育学等学科共同研究的局面。

一般认为，马歇尔（Alfred Marshall）是第一个提出产业集群理论的经济学家，他第一个从产业区角度较系统地研究产业集群现象。马歇尔将集聚企业的地区称为"产业区"，并提出了"内部经济"和"外部经济"的概念。"外部经济"包括三种类型：市场规模扩大带来的中间投入品的规模效应、劳动力市场规模效应、信息交换和技术扩散。马歇尔认为产业集群的原因是为了获得外部规模经济的好处，"外部经济"往往能因许多性质相似的企业集中在规定的地方，即通常所说的工业地区而获得。他曾把经济规模划分为两类：第一类是产业发展的规模，这与专业的地区性集中有很大关系。第二类取决于从事工业的单个企业和资源。马歇尔发现外部规模经济与产业集群之间的密切关系，认为集群是由外部规模经济所致。他还用随着产业规模扩大而引起知识量的增加和技术信息的传播来说明产业集群现象。因此，经济学家克鲁格曼把劳动市场共享、专业化附属行业的创造和技术外溢解释为马歇尔关于集群理论的三个关键因素。

与此同时，德国经济学家韦伯（Alfred Webber）从微观企业的区位选择角度，阐明了企业是否靠近取决于集聚的好处与成本的对比。1909年，韦伯出版了《工业区位论》，书中从产业集聚带来的成本节约的角度讨论了产业集群形成的动因。韦伯把影响工业区位的因素分为区域因素和位置因素（位置因素包括集聚因素和分散因素），并在探索影响集群的一般因素中利用等差费用曲线来解释产业集群的程度。韦伯认为，集聚形成是因为各个工厂为了追求集聚的好处而迁移，且所增加的运费小于或等于迁移后集聚而节约的成本时，迁移才可能发生。若干企业集群在一个地点同样也能给各个企业带来更多的收益或节省更多的成本，技术设备发展的专业化、搜寻劳动力的相关成本的降低，也都促进了企业集聚。集聚是企业为了追求好处而自发形成的，从这个意义上说，集群的形成是需要政府这种外部力量的。当然，集群在进一步发展过程中是否需要政府的扶持，还没有定论。总之，韦伯从区域因素探讨产业集群的优势，其研究成果相当有价值。

法国经济学家佩鲁（Francois Perroux）在20世纪50年代提出了增长极理论。他认为经济空间在成长过程中，总是围绕着极核进行，空间发展如同部门发展一样，增长不是同时出现在所有地方，而是以不同强度首先出现在一些增长点或增长极上，然后通过不同的渠道向外扩散，并对整个经济产生不同的经济影响。佩鲁认为，现实经济中经济因素的作用是在一种非均衡条件下进行的，由于相互间的不均衡影响而产生一种不对称关系：一些经济单位处于支配地位，另一些经济单位则处于被支配地位。他把这种一个单位对另一个单位施加的不可逆转或部分可逆转的影响称为支配效应。增长极具有技术、经济方面的先进性，能够通过与周围地区的要素流动关系和商品供求关系对周围地区的经济产生支配作用。特定企业的支配是发展过程中的积极因素，有利于整体的发展。占支配地位的企业是高效率的，能够有效地利用创新增加产出；占支配地位的企业实现规模经济，反过来又刺激了创新。这两种作用的叠加使支配型企业在提高经济效应的同时，通过关联效应和乘数效应最终带动社会发展。可见，当政府将某种推动性产值植入地区后，将产生围绕推动性产业的集聚，然后再通过乘数效应以及关联效应，导致地区经济的增长。增长极理论强调推动性产业的作用,也强调政府和企业对推动性产业的巨大影响。因此,增长极理论中的集聚不能称为自发型的,政府在产业集聚的形成和发展过程中承担着重要的角色。

20世纪70年代至80年代初,发达国家的绝大部分地区呈现出经济衰退景象,从而导致了世界性经济危机。与此相悖的是美国的硅谷、意大利的东北部(如艾米利亚—罗马涅区)和中部等地区的经济却出现了稳中有升的现象,成为抵挡和战胜经济衰退的领头羊。这一情景在西方引起了专家学者们的极大兴趣,他们通过深入调查研究,发现这些区域与当年马歇尔所描述过的产业区有惊人的相似之处,学者们遂将它们称为"新产业区",其核心就是构建中小企业集群网络,依靠内源力量来发展区域经济。这为人们构建区域经济发展的增长极提供了有力的理论支撑。

在"新产业区"理论的影响下,进入20世纪90年代后产业集群的研究已成为地区或国家竞争力研究以及区域经济研究重要的前沿问题。研究内容主要集中在集群形成机制、集群特征、集群与创新、区域经济自立型发展模型,尤其是合作与竞争等方面。当时,美国哈佛商学院教授波特与同事对丹麦、德国、意大利、日本、英国和美国等十个国家进行了考察,根据对这十个国家的案例分析,将这些不断创新企业的竞争优势归结为两个变数和四个因素,即企业的战略结构、竞争对手和要素条件、相关及支撑产业、需求条件、机遇及政府,他将这些变数和因素称为"钻石系统"。他的产业群理论也被称为"竞争钻石"理论。波特认为,形成产业集群的区域往往从三个方面影响竞争:一是提高区域企业的生产率;二是指明创新方向和提高创新速率;三是促进新企业的建立,从而扩大和加强集群本身。产业集群一旦形成,企业数目达到关键的多数时,就会触发自我强化的过程,而新的产业集群最好是从既有的集群中萌芽。波特的竞争优势理论受到了一些学者的批评,认为竞争优势理论过分强调国家和地区政府在产业国际竞争中的作用,并把复杂的经济活动因素简单构造成四个基本要素,而且忽视了跨国贸易活动对"钻石模型"的影响。1998年,波特在《哈佛商业评论》上发表的《企业群落与新竞争经济学》一文系统地提出了新竞争经济学的产业集群理论,并解释了产业集群的含义:"集群是特定产业中互有联系的公司或机构聚集在特定地理位置的一种现象。集群包括一连串上、中、下游产业以及其他企业或机构,这些产业、企业或是机构对于竞争都很重要。……最后,集群还包括了政府和其他机构——像大学、制定标准的机构、职业训练中心以及贸易组织等——以提供专业的训练、教育、资讯、研究以及技术支援。"简单地说,产业集群实际上是产业通过聚集发展,在一定区域内形成产业链,发挥聚集效应。波特在1990年出版的《国家竞争优势》一书中,对产业集群理论进行了经典的论述,使集群理论的研究进入了崭新的发展阶段,引起了西方微观经济学、产业经济学等学科对这一理论问题的深入研究,使产业集群理论的研究取得了一系列新的进展。他从企业之间竞争的角度研究产业集群,认为集群的形成是竞争的结果,竞争是产业集群形成的主要原因。企业间的合作与竞争促进了创新与发展,产业集群被看成是"充满合作的竞争的灵魂"。他采用新古典主义观点,讨论了竞争产业结构,即许多公司在同一产业领域竞争,增加了提升技术、最小成本、创新等技术压力。但是,在一个给定的产业和区域,一个简单的产业集中指数并不仅是公司间竞争程度是否合适的指示器,更是产业内的竞争风气。地理上集中在一个特定区域的生产以及提供具有类似产品和服务的企业,竞争可能更为激烈。在这种情况下,竞争领域扩大,产业集群逐渐形成,促进了产业集群的扩大。

美国经济学家克鲁格曼的"新经济地理学"理论对产业集群研究也产生了重要影响。他运用主流经济学建模手段来解释经济的区域问题，吸收了城市经济学、经济区位论等有关空间经济的传统思想，结合产业组织理论中有关不完全竞争和利益递增模型的最新进展，把空间思想引入正式的经济分析，试图建构空间经济的理论体系，创建"新经济地理学"，成为继马歇尔之后第一位把区位问题和规模经济、竞争、均衡等经济学研究的问题结合在一起的经济学家，并对产业集群给予了高度关注。他认为，经济活动的空间聚集与规模经济有紧密联系，能够导致收益递增，空间问题没有引起主流经济学家的正视是因为缺少精确模式分析报酬递增的假设。他从理论上论述了工业活动倾向于空间聚集的一般趋势，并阐明由于环境的限制如贸易保护、地理分割等原因，产业集聚的空间格局是多样的，特殊的历史事件将会在产业区形成过程中产生巨大的影响力。现实中产业的形成是具有路径依赖性的，而且产业空间集聚一旦建立起来，就倾向于自我延续下去。克鲁格曼的模型为自上而下的产业政策的制定提供了理论依据，产业政策有可能成为地方产业集聚诞生和强化的促成因素。

此外还有合作竞争学派，以香港大学商学院教授恩赖特（Michael Enright）为代表。他认为，合作意味着企业有更多的机会获得共享资产、营销和技能培训等方面的好处，但企业还得进行竞争，因为在市场中将遇到许多国内外竞争者。对企业而言，合作就是在向竞争者提供有价值的专用信息；而对政策制定而言，就是在支持合作和激励竞争、促使经济增长之间的权衡问题。同波特的竞争理论相比，恩赖特的产业集群理论更多地包含了有关合作的思想。企业间既竞争又合作，成了产业集群模式的核心保障。企业间的这种合作，以有关经济活动的文化更新为基础。一是从微观层面上，这种依赖是可以研究和分析的，分析中的学习效应是可以传递和复制的；二是某一区位的社会文化品质和合作意愿，如团队劳动以及管理者和劳动者之间对立情绪的降低等；三是随着企业更多地从供应商购入产品和服务，企业都很重视以信任为基础的相互联系、互惠关系、交换关系和社会网络联系。总之，合作竞争学派是从合作中的竞争角度研究产业集群的，强调合作中的竞争，在竞争中找到合作的思路和方法。

还有一种具有代表性的研究成果是"创新环境"理论。创新环境研究是20世纪90年代国际学术界创新研究的重点领域之一，最先是由欧洲创新环境研究小组的学者们在研究欧洲高新产业区的过程中提出来的。他们先后提出了"创新环境""创新网络""集群学习"等概念，较为系统地阐明了产业集群内创新的条件和机制。创新环境，一是指本地化的网络结构。它是由物质资源和非物质资源组成的，可以降低企业静态和动态的不特定性，并使各种行为主体之间在功能信息方面结成密切而稳定的关系。二是指企业外部的学习和内部的创新相结合，并以此来制定经营和创新战略的组织体集合。创新环境是"孕育全新过程的区域组织"，是对高科技和创新密集型中小企业集聚区的指代，与马歇尔的产业区有异曲同工之妙。环境是创新赖以进行的一个重要依托，是产业集群形成的社会支持系统。环境为创新提供了条件，创新的结果就会形成产业集群。通过创新环境把产业的空间集聚现象同创新活动联系到一起，使域内创新主体的集体效率和创新行为的协同作用得到强化，产业集聚可使群内企业共享单个企业无法实现的大规模生产、补助产业的专业化服务、专业化机构创造以及企业组织创新的好处。创新环境是企业进行创新的约束系统，是一个学习系统。这个学习系统有助于企业进行研究和创新，有助于企业生产新产品、提供新服务，并将这些新产品或服务成功地推向市场。创新网络则更注重集群内企业之间、企业与相关机构之间的相互联系、相互作用，正是这些中小企业之间的正式或非正式的交流、沟通与接触，才形成了有效的创新网络，从而使企业产生一种内生的创新力，推动着集群创新的不断发展。

职业教育被认为是与社会经济发展联系最为紧密、具有伴生关系的教育类型，社会经济发展特点和需求往往最先在这一类教育中得到反映，而产业集群理论在职业教育领域的拓展和应用就是一个鲜明的例证。产业集群理论既是专业群建设的理论依据，也可作为指导职业学校专业群建设实践的明镜。通过产业集群理论的学习与理解，我们可以清楚地看到，学校把性质相近、互为依存的专业个体合聚成群，能在竞争与合作的过程中，带来集聚、共生、协同以及衍生效应，获得强劲、持续的竞争优势，从而推动整个专业集群健康、有序、和谐地发展。产业集群理论对专业集群的形成机制、专业集群共存、专业集群发展、专业集群创新、专业集群合作与竞争等方面均具有重要的借鉴价值。

第四节 产教融合专业群的理论价值和实践意义

高职院校专业群建设实践是建立在产业集群理论基础之上，主动适应目前社会产业转型升级与发展变化的明智之举。其实践价值主要有以下几点：

一、有利于保持专业稳定性与灵活性，促进专业的可持续发展

高职院校现有的一个个专业实际上就是一个个教学实体组织，结构包括三大类，即专业生班级、专业教师组织（教研组）、专业教学基本条件（经费、教室、实训室、专业教学设施设备、图书资料等）。开设一个新专业或者原有专业的合

并、调整，都涉及专业实体组织结构存亡。这就要求专业必须具有一定稳定性，而这种稳定性也是保持专业历史传承、合理配置和教育资源的充分利用所要求的。也正因为如此，专业一经设置，学校一般不会轻易调整或停办。但是，在市场经济和学校与学校之间竞争日益激烈的背景下，学校只有培养出"适销对路"的人才，才能在激烈的竞争中占据一席之地，进而获得可持续发展。客观上要求学校在专业设置上具有一定的灵活性，以使学校能够及时地根据社会产业结构和行业、企业发展变化要求做出反应，调整人才培养定位与规格，提高人才培养的针对性。由此可见，高职院校专业设置既要保持稳定性又要不失灵活性，但这在实践操作中是两难选择，正确处理好两者关系，才能促进专业的可持续发展。集群式专业结构既有较高的稳定性，又具有相当的灵活性，符合专业对稳定性与灵活性的要求。

首先，从专业设置的稳定性看，学校根据相对稳定的地方经济产业结构以及行业企业人才需求特点进行专业集群式设置，把专业技术基础相近或相关、具有共同的专业基础课程和基本技术能力要求并能涵盖某一职业领域的技术或服务的若干专业，以某个核心专业为依托集聚在一起，使专业结构、人才培养模式与区域产业结构、人才需求特点相匹配，专业根基更加扎实，专业文化能够长期积累，从而保持专业的稳定性。例如，汽车运用与维修、汽车车身修复、汽车美容与装潢、汽车整车与配件营销可以集合成一个专业群；酒店服务与管理、旅游服务与管理、旅游外语、导游服务、会展服务与管理、中餐烹饪、西餐烹饪也可以形成一个专业群。

其次，从专业设置的灵活性看，学校在专业群的基础上，可以根据社会经济发展的需要灵活调整专业或专业方向，或增设新的专业与专业方向，或削减学生就业有困难的专业与专业方向，以此保持专业设置的灵活性。产业结构不断调整，新行业、新工种、新岗位不断涌现，学校专业设置也需要不断更新。专业群集聚了师资、实训等多方面的办学优势，具有滚动发展的功能，可以依靠原有的专业师资和实训基础，不断根据市场变化调整、拓展专业方向，以适应市场形势的变化。比如，杨浦职业技术学校现代汽车专业群包括汽车运用与维修、汽车车身修复、汽车整车与配件营销三个专业，其中，汽车车身修复是上海市精品特色专业，也是本专业群的核心专业。专业群可以根据市场需要随时增设汽车美容与装潢专业，也可以对现有的三个专业进行调整。但无论怎样调整，包括专业教师、专业实训场地、专业设施设备、专业图书资料在内的专业办学基础都在，不会像传统的专业调整优化那样伤筋动骨，造成人力、物力、财力的巨大浪费，也不会造成教育质量的大幅波动，既保持了专业设置的稳定性，又有适应市场变化的灵活性，这就是专业群能保持旺盛生命力的秘诀所在。

二、有利于实现专业资源融通共享，促进专业的高效率发展

实践证明，一所学校如果教育成本高、教学质量差，必然缺乏竞争力。体现在资源的使用上，学校应力求达到各类教育资源互通共享，使有限的投入最大限度地发挥其应有的效用。在专业建设上也是如此，专业发展的高效率就集中体现在专业资源是否融通共享、共同使用。实施专业集群式设置，能有效地实现学校专业资源融通共享、有效利用。

如果学校不进行专业群建设，一味地追逐热门专业，将导致专业过于分散，无法形成合力，造成教育资源的浪费。同时，专业建设没有规划，处于无序发展状态，也难以推出新专业，促进专业的可持续发展。近些年来，随着高职院校办

学规模的不断扩张，专业数量迅速增加，但在专业设置中存在一定的无序性。例如，同一专业或相同专业，在不同的学校同时开设，甚至在某种程度上出现"抢"专业的现象，这极大地浪费了学校的教育资源，不利于专业的自身发展。

专业建设集群化，能降低教学成本的投入，促进专业高效率发展。专业集群式建设比分专业同时设置要节省更多的时间和财力。原有的单一性专业设置造成资源利用的专业分割，限制了专业的服务能力，专业建设难以得到产业界的有效支持与参与。这种方式的专业增加永远无法赶上市场变化的需求，却造成了资源的无谓损耗，更让需要长期积累的专业文化荡然无存，提升专业培养质量的要求难以成为现实。随着经济发展方式的转变、产业转型升级和市场化就业机制的逐步完善，这种矛盾冲突日益加剧。专业群中各专业相对集中，学校可将有限的资金集中投入相关实训室，进行系列化建设，形成一个完整的先进的实训体系，所需的基础知识和专业基础技能基本是相近的，教学资源可以做到共享，从而降低建设成本和使用、维护成本，避免分专业建设时的重复、分散和低水平层次建设，大大提高实践教学效果和增强实践教学的优势。此外，学校根据地方经济社会发展特点设置的专业群，一般来说，是为主要产业提供技术支撑的，对专业技术人才的需求量也比较大，这客观上为学生实习的开展和动手能力的培养创造了条件，也为学生毕业就业提供了条件。反过来，专业群的智力集群也可以促进区域经济更进一步的发展，实现学校专业建设与社会经济的协调发展。

三、有利于形成"双师""多能"教学团队，促进专业复合型人才的培养

专业群人才培养的价值追求是"宽基础、多技能"，理想目标是培养复合型人才。专业群"共享平台+专业模块+综合实践"的课程结构模式要求教师必须"双师""多

能"，每位教师要创造条件，既能胜任共享平台课程教学，又能胜任专业模块课程教学，还能指导学生的综合实践。这就从专业文化层面促使教师要多学习、多实践，做到"双师""多能"，这既降低了专业人才的储备率、提高教师的使用效率，又为专业群"宽基础、多技能"的复合型人才培养提供了智力支撑。没有教师的"双师""多能"，就不可能真正实现学生"宽基础、多技能"的培养。

现代生产和技术的综合化趋势不断增强，生产第一线的技术岗位内涵不断丰富，常常需要多学科的知识和多种技能，培养复合型人才已成为职业教育的发展方向。复合型人才培养必须有相对应的有效课程体系的支持，专业群"共享平台+专业模块+综合实践"课程体系，正好可以支撑这种人才培养模式。

四、有利于提高专业人才的培养质量，促进专业品牌提升与创新发展

如上所述，集群本身具有专业化和创新性特点。一方面，集群中的各方共同集聚在一起，通过资源共享、优势互补，可以形成新的资源共同体，克服单方面独立创新资源不足的缺陷。另一方面，在集群运行中，各方存在密切的互动，集群并不是封闭的组织，它通过与外部环境不断交换，吐故纳新，与时俱进，实现动态化的发展，从而促进深层次的整合创新。集群对于学校不仅可以集聚专业资源、增强与产业界的合作，更深远的意义还在于可以提高专业人才培养规格，强化学生的职业能力和发展能力。

首先，专业集群式设置可以提高专业人才培养的规格与质量。专业教育是高职院校人才培养的主要方式，专业建设能否紧跟经济社会发展的要求，决定了学校人才培养的规格与质量。20世纪后半叶，科学技术出现了相互交叉、整体化发展趋势。这些特征要求学校不仅要培养掌握一种技术的人才，而且要培养掌握更

多技术和综合技术的人才；不仅要培养具有单一学科背景的人才，而且要培养具有交叉学科、跨专业背景的复合型人才。学校专业只有集群式设置，形成专业群，才能有效集聚相关专业教学团队协作，资源共享，优势互补，从而真正培养出创新型的复合型人才，提高专业人才的培养水平。

其次，专业集群式设置可以及时应对社会经济发展的需要，不断衍生发展出新的专业或专业方向。在专业群中，各专业一般以共同的学科背景为基础，相互之间既有分工，又相互依存，是一种融通共生的关系。这种关系可以促进专业间相互交叉与渗透，能根据经济社会发展的需要，及时调整专业方向，或者向相近、相关的专业渐进拓展，开辟出新的专业，使专业得到新的发展。

第七章 高校产教融合专业群的运行原则和机制

相较于普通高等教育对资源的需求状况，高职教育的发展对人力、财力、物力等方面有更高的要求。但是，现有高职教育资源投入难以满足高职院校对办学资源的需求，出现了供不应求现象，高职院校办学质量和水平难以提高。为此，高职院校应在提升自身人才培养质量的基础上，积极主动争取得到政府及相关部门的重视，吸引政府在制度及资源投资方面的支持。同时，高职院校应全面优化学生生源、办学质量、学生就业率等，提高学校声誉和吸引力。一方面，争取得到银行的低息贷款、社会的专项资金支持及社会民间机构的投资等。另一方面，吸引更多资金雄厚的行业企业、行业协会等通过资金投入、设备投入、人才投入、吸收学生实习实践等多种形式参与到高职教育产教融合中，以此形成高职院校的良好发展态势，实现生源质量的提高、办学效益的提高、学生就业率的提高、学校信誉的提高、投入资金的增长这一良性循环。

第一节 高校产教融合专业群的运行原则

高校融合专业群的运行要遵循以下原则：

一、坚持教育性原则

"教育性"最早于1806年由德国教育学家赫尔巴特（Johann Friedrich

Herbart）提出。他认为在教育教学中，教学与道德两者缺一不可，应将两者有机结合到教育中，应遵循教育性教学理论。在高职教育产教融合中，教育教学的关键在于对"教育"的理解和把握。人是教育的对象，教育的本质是一种培养人的活动。产教融合作为高职教育的一种办学模式，仍需遵循教育的本质属性，需坚持教育性原则。所谓教育性原则，是指从事高职教育及在高职教育产教融合过程中，教育工作者除需有意识地对受教育者完成知识传授、技术技能培养外，应承担培养受教育者综合素质及通用能力的职责。

高职教育需要与行业企业开展产教融合的重要原因在于实现技术技能型人才的培养，满足行业企业、劳动力市场对人才的需求。在高职教育产教融合运行过程中，坚持教育性原则的目的在于防止以纯粹的职业技术技能训练代替高职教育。教育与训练具有本质的区别：教育注重人在精神层面的转变，重在育人；训练注重人在技能层面的提升，重在练技。坚持教育性原则要防止简单地把人工具化为机器。训练学生短期、单向的职业技能，无助于学生适应未来职业发展所需能力的培养。因此，在高职教育产教融合过程中，要建立科学合理的教育教学质量评定体系，出台量化通用能力及综合素质能力测评的标准，且通用能力及综合素质能力占据一定的比例。此外，需要有一支高素质、高技能、高水平的"双师型"师资队伍，要求"双师型"教师既要具有广博精深的理论知识、较强的动手实践能力，又要具有高尚的人格、较强的育人意识和能力，保证教育性功能的有效发挥，确保教学质量的提高。

二、注重培养质量原则

质量是组织机构、体制机制等事物发展的根本前提和动力。菲利浦·克劳士比（Philip B.Crosby）认为质量是指符合要求，而不是主观和含糊的"好"或"卓越"等，应当用客观的"符合与否"作为判断质量的标准。在评价事物质量时，涉及符合性、适用性及经济性三个层面。符合性是指事物是否符合相关质量标准，适用性是指满足用户使用目的的程度，经济性是指事物或产品的性能情况。在高职教育产教融合过程中运用质量原则，用符合性、适用性及经济性三个层次去检验产教融合人才培养质量情况。用符合性检验人才培养与市场用工需求间的匹配程度，用适用性检验所培养人才是否适应行业企业相应岗位具体工作，用经济性检验人才将创造的经济效益情况。在高职教育产教融合中，注重培养质量原则包括注重高职院校自身人才培养质量和产教融合培养质量。高职院校人才培养质量影响着产教融合培养质量。

以广东省为例，高职教育人才培养与市场用工需求间存在较大差异的原因包括以下两方面：一方面，广东省作为产业经济发展迅速、产业转型升级较快的地区，其技术技能更新迅速，行业企业要求人才不仅要具备较高技术技能，而且要具备不断学习和提升自身技术技能的能力。高职教育作为以育人为本的教育活动，培养周期较长，难以跟上行业企业的更新速度。另一方面，受社会文化及历史传统因素影响，高职院校的认可度不高，学生生源质量不高。在一定程度上，由此形成的学习氛围不强，学生缺乏内在学习动力、外在学习氛围，导致高职院校人才培养质量难以提高。高职院校只有提高教育教学质量、提高毕业生的社会影响力，才能提高自身社会地位，吸引行业企业参与积极性，提高高职教育产教融合合作深度。

此外，高职院校注重产教融合质量的原则不仅体现在高职院校自身专业设置、教学层面、管理质量等微观方面，还体现在高职院校在宏观上将产教融合办学模式提高到一定层次,合理开发和运用高职院校自身与行业企业的优势资源,提高为高职院校学生、行业企业、政府及社会经济发展服务的能力。同时,不能不顾实际,盲目地与企业合作,为了产教融合而产教融合。高职院校要避免片面追求合作行业企业的数量、合作的规模以及合作的速度等短视行为,应在保持自身优势资源、提高自身质量的同时,注重提高与行业企业、商业协会以及培训机构等多方主体合作的质量及合作的深度,注重与地方政府、行业企业、商业协会等主体形成互利共赢,注重可持续和长远发展,注重兼顾社会效益和经济效益的合作关系。

三、遵循市场发展规律原则

毋庸置疑,高职教育的发展与产业经济的发展密切相关。高职教育的发展源于经济社会的发展需求,又推动着经济社会的前进与发展。我国相关职业教育法中曾提出,要建立健全适应市场经济发展需求的高等职业技术教育制度,使市场性成为高职教育的天然和必然属性。同时,高职教育人才培养是否具备市场性、是否符合市场发展需求,成为评判高职教育教学质量的标准之一。当前,我国实行社会主义市场经济,要求高职教育的人才培养活动置身于市场环境中。因此,在高职教育产教融合过程中,需要遵循市场发展的规律,确保高职院校培养的毕业生与行业企业的人才需求相适应。高职教育作为一种教育类型,应保持自身的相对独立性和特殊性,确保所培养的毕业生是具备创造价值的人力资源,而不能被简单地等同于普通的资源或商品。这不仅直接关系到毕业生能否符合市场需要、能否为企业创造价值、能否促成产教融合的持续发展,也关系到毕业生就业情况、职业生涯发展状况以及高职院校自身的生存状态与发展前景。

为提高高职教育产教融合的质量，高职院校必须遵循市场规律，密切联系行业企业，了解行业企业的发展动态、技术瓶颈、人才需求等状况。作为高职教育产教融合合作主体之一的行业企业受诸多主客观因素的影响，包括行业企业内产品生产和社会服务、政府相关政策法规等，企业参与产教融合热情不高。为吸引企业的参与、赢得发展资金，高职院校应主动与行业企业靠近，在改善自身人才培养质量的基础上，争取提高企业参与高职院校产教融合的积极性和主动性，承担更高的产教融合潜在风险，承担更多的产教融合任务和职责。此外，从市场性出发，高职教育产教融合的发展过程应是高职院校与行业企业等多元主体间资源的相互利用和相互依赖的过程。高职院校与行业企业等多元主体间应基于互补性稀缺资源，形成互利互惠、相互依赖、共同发展的良性动态互动关系。因此，高职院校应在行业企业等多元主体利用和依赖高职院校设备与学生等优势资源的同时，对企业、商业协会、政府等相关部门的优势资源加以利用，如利用人力资源和社会保障局的统计数据，借助第三方机构分析劳动力市场人才需求情况、高职院校人才与市场需求间的匹配情况，预测未来人才需求情况，等等，实现产教融合质量的提高，实现合作关系的持久开展，实现"产""教"的共同发展。

三、灵活的资源调控机制

由于高职教育的特殊性及资源投资主体的多样性和灵活性，在高等教育产教融合过程中，需要构建灵活的资源调控机制。一方面，经济的发展形势要求高职教育面向市场，并根据市场的发展及需求情况，调整高职院校办学定位、办学层次及教学模式等，拓宽高职院校资金来源渠道。另一方面，高职教育具有相对独立性和特殊性。首先，影响高职院校办学的因素不仅有市场需求和市场竞争，还有政治、法律、文化、历史传统等多种非竞争因素。其次，高职教育人才培养主要定位于培养适应于劳动力市场及企业发展需求的人才。适应性是高职教育人才培养的主要特性之一，但是，作为特殊产品的人，其价格和供求不具备普通产品的灵敏性和精确性，其需求价格与供给价格难以用简单的标准进行评判。最后，行业企业对人这一特殊人力资本的期望更高，随着产业经济的发展，企业不仅要求人力资本具备普通的生产和再生产能力，更注重人力资本具备创造和开发能力。产业经济发展迅速，对人才技术技能的需求变化快。高职院校对人才的培养不仅要考虑与当前劳动力市场需求相契合，还要为未来产业发展将产生的需要做必要储备。这些因素均会影响政府、行业企业、行业协会、银行等主体对高职院校资源投入的稳定性，影响高职教育产教融合持续、稳健的发展。在高职教育产教融合运行中，需要构建灵活的资源调控机制，具体可从以下几个方面着手：

（一）以政府为主导构建资源调控机制

在高职教育产教融合资源调控机制的构建过程中，政府应发挥主导作用，联合行业企业、高职院校、行业协会等共同研究和构建有利于高职教育产教融合持续开展的资源调控机制。高职教育人才培养的主要任务之一是培养技术型、技能型及操作型专门人才。因此，政府应发挥主导作用，积极推动企业参与高职教育产教融合。首先，政府应积极推动行业企业以设备投入、场地投入、资金投入等形式参与到高职教育产教融合中，出台相关政策条例，确保行业企业对高职教育产教融合资源投入的稳定性和可持续性。其次，政府应加大对高职教育产教融合过程中资源的监督监管和指导。政府应主导成立资源监管和指导委员会，委员会成员可由政府相关部门负责人、行业企业产教融合负责人、相关产业经济界专家、高职院校相关负责人等组成。委员会通过提意见、参与及监督监管的形式，参与到高职教育产教融合资源使用中，确保资源使用的公开、公正和高效，继而提高行业企业再投资资源的可能性和积极性。最后，政府可通过对行业企业相关工作岗位人员进行培训，出台降低或减免企业税等优惠政策激发行业企业投资高职教育产教融合的积极性。

（二）以企业为辅助构建资源调控机制

在高职教育产教融合资源调控机制的构建过程中，应充分发挥"产""教"主体之一的行业企业的力量，协助政府部门发挥其宏观主导作用。首先，行业企业应协助政府，协同高职院校、行业协会，拓宽高职教育产教融合资金来源渠道。行业企业作为经济活动体，对资金来源和投资有更丰富的实践经验和更科学的认识。行业企业协助作用的发挥，有利于解决高职教育产教融合资金来源问题。其次，行业企业应协助政府，协同高职院校、行业协会，统筹规划高职教育产教融合运行中资源的使用和管理，借鉴企业资金运转模式，丰富产教融合中资源的使用和管理办法，协助政府出台相关管理条例，实现资源的高效利用。最后，行业企业应协助政府，协同高职院校、行业协会以及社会机构和团体，建立多渠道高职教育产教融合经费筹措机制。以合作企业为代表，以经费投入等方式参与到产教融合中，同时动员其他企业开展高职教育产教融合的积极性，实现多主体参与办学、参与教育投资。

（三）以市场为导向构建资源调控机制

人才培养与劳动力市场用工需求间关系的实质是高职院校人才培养与劳动力市场需求间的供求关系。市场经济的核心是利用价值规律及供求关系以获取经济效益。高职教育产教融合运行机制的行为主体包括政府、高职院校、行业企业、学校学生以及其他需要技术服务的用人单位等，涉及包括学生生源市场、劳动力市场及技术市场在内的三个主要市场。在高职教育产教融合运行中，各主体、各市场间关系错综复杂，各主体间利益需求不尽相同，各市场间资源供求关系不平衡。因此，要实现高职院校与市场需求间的平衡，就要做到高职院校资源与市场资源的平衡。这就需要构建以市场需求为导向的资源调节机制，有效处理行业企业与高职院校间的利益冲突和矛盾。一方面，根据市场发展现状，调整高职教育产教融合运行中现有资源的配置。高职教育产教融合的发展需要根据现有劳动力市场对某类人才的需求程度，增加或减少人才培养的规模和数量，并随之适当增加或减少该类人才培养的资源投入。另一方面，根据市场未来需求情况，调整高职教育产教融合运行中资源的配置。高职教育产教融合应根据未来企业将产生的人才需求情况，新增或取消某些专业的人才培养，并随之增加新增专业所需硬软件设备及资金的投入，逐步减少或转移被取消专业的硬软件设备和资金投入，提高资源的经济效益和利用率，提高高职院校办学质量。

第二节　高校产教融合专业群的运行机制

高职教育产教融合涉及高职院校、行业企业、政府、行业协会、劳动力市场等多方利益主体，在构建高职教育产教融合运行机制的过程中，需要综合考虑多方因素，实现多方主体间利益的共赢，促进产教融合高效、有序地开展。笔者主要从办学主体、教学质量及资源投入三个方面探究高职教育产教融合运行机制有效运作的对策措施。从办学主体出发，高职院校要结合自身发展现状和特色，要坚持教育学原则，构建健全的自组织机制；从教学质量出发，高职院校要契合劳动力市场需求,注重培养质量原则,构建健全的人才供求机制;从资源投入出发,高职院校要发动地方政府、行业企业、行业协会及社会机构和团体等多元主体的积极性,遵循市场发展规律原则,构建灵活的资源调控机制。其中,健全的自组织机制为高职教育产教融合的发展提供了基础,健全的人才供求机制为高职教育产教融合的发展提供了动力,灵活的资源调控机制为高职教育产教融合的发展提供了保障。

一、健全的自组织机制

自组织机制是指作为主要办学主体之一的高职院校,在与社会大环境进行物质与信息交换过程中,通过产教融合等内在子系统的相互协调作用,自行调整高职院校内部结构,提高其适应经济社会、劳动力市场发展需求的能力。随着劳动力市场经济的不断发展与成熟,现有高职教育教学模式所培养的人才难以满足产业经济发展对人才的需求,这要求高职院校主动适应产业经济的调整与发展,不断调整内部结构,如优化专业设置、完善课程结构、调整人才培养方案等,以保持与社会经济发展的平衡。通过高职教育产教融合,高职院校能更高效地了解劳动力市场对人才类型的需求情况、产业发展对人才技术水平的要求等。因此,高职院校在与行业企业构建产教融合合作关系时,应在市场的宏观调控下,不断适应市场形势,建立起适合自身发展需要的自组织机制。要使自组织机制在高职教育产教融合运行中发挥重要作用,应从以下几方面着手:

(一)根据产业发展,优化专业设置

产业的不断调整和发展必然导致对人才类型、人才层次需求的不断调整。高职教育产教融合合作目标之一是降低高职院校人才培养与劳动力市场需求间的不

匹配度。这就要求高职院校有一个有序健全的自组织机制，以优化和调整其专业设置。首先，要求高职院校根据产业发展需要，确定其教育模式和培养目标，以区域经济龙头产业以及产教融合合作企业、行业协会等为引导设置专业。其次，专业的设置与调整要充分考虑地区相关产业的职业岗位群的发展和需求情况。最后，专业的设置、调整与优化要"宽窄并存"。高职院校不仅要设置针对性强、专业化程度高的"窄"的专业，还要考虑拓宽高职院校专业口径，设置更"宽"的专业，加强高职院校的适应性。

（二）根据职业标准，完善课程体系

课程体系在高职教育的发展中起着举足轻重的作用，是人才培养的基础环节，是实现高职院校人才培养目标的前提和基本条件。高职教育专业课程内容与职业标准对接是我国提出的"五对接"之一，可见专业课程体系的重要性。同时，高职教育产教融合的发展需要完善这一对接，实现高职院校课程内容与合作行业企业职业标准的对接，实现高职院校所培养毕业生与企业工作岗位的无缝对接。因此，高职院校需要根据行业企业职业标准，构建高职院校课程体系。首先，高职院校课程的设置要以就业为导向，根据相关专业对应行业企业岗位需求，有针对性地设置课程内容。其次，高职院校课程应根据市场用工需求，设置毕业生职业能力的培养目标，保证课程内容具有一定的先行性特征。再次，高职院校课程设置要以培养应用型人才为主要目标，提高实习实训课程的比例。最后，高职院校需要及时调整和更新课程内容，提高学生职业能力培养的针对性。

（三）根据市场需求，提高办学灵活性

劳动力市场对人才最直接的需求是毕业生能实现由学习向工作岗位的直接转变，实现学生与员工的无缝对接。简言之，企业需要能直接上岗工作的"成品毕

业生"。同时，随着高职院校专业设置与企业职业分工的细化，劳动力市场对高技能人才培养提出了更高要求。目前，部分高职院校的教学仍重理论、轻实践，这一教学形式与我国提出的高职教育教学过程要与企业生产过程相对接的实际需求不相符，不利于学生实际动手操作能力的培养，不利于高职院校毕业生由学习向工作岗位的转变。因此，要根据市场需求，改革现有教学法，加强项目教学法、任务驱动教学法等实操性强的教学方法的应用，提高学生动手实践能力。此外，适时适量安排学生参与产教融合合作企业的实际生产过程，让学生接触到真实的企业生产环境，以利于从学生到员工的转变。借助产教融合办学模式，发挥高职教育办学灵活性，有针对性和指向性地面向就业市场需求培养人才，适当调整人才培养模式、教学方法等。

二、健全的人才供应机制

从教学质量出发，高职院校应契合劳动力市场现有及未来将产生的用工需求情况，构建动态的人才供求机制。实现高职教育人才的"供"与劳动力市场用工的"求"的供求平衡是高职教育产教融合的重要目标之一。供给与需求是产教融合的两个基本要素，实现供需平衡是产教融合有效运行的基本条件，也是实现市场经济有效运行的重要基础。高职教育人才供需涉及两个不同的层面，即社会经济发展需求与高职院校发展需求，两者分属于不同层面的不同组织，应协调两者间供需关系。基于现代发展观，在高职教育产教融合的过程中，要充分、合理地利用计划经济这只"有形的手"进行调节。同时，需要在产教融合过程中根据市场经济发展现状，建设并运用动态的人才供求机制，确保高职院校人才培养与劳动力市场需求间的供需平衡。因此，在高职教育产教融合过程中，高职院校应联合行业企业、政府、行业协会等共同研究市场需求,构建科学合理的动态人才供求机制,满足社会经济发展对高职教育人才的需求。在高职院校产教融合动态供求机制的构建过程中,应注意做到以下几点:

(一) 基于学生生源市场构建供求机制

考虑生源市场需要充分考虑高职院校学生的来源,生源市场是高职教育产教融合运行机制中不可或缺的重要组成部分。随着普通高校数量的增多、普通高校学生的扩招以及计划生育实施以来适龄学生人数的减少,高职院校生源市场竞争日益加剧。同时,越来越多的民办和公办高职院校对外公开其招生信息,增加招生途径,增加了学生和家长对高职院校专业设置、教学质量等的知情权,学生在择校时有了更多的自主性和可选择性,加剧了各高职院校间激烈的生源争夺战。由于学生和家长将高职院校毕业生就业质量作为择校的重要参考因素之一,就业率高的高职院校在招生竞争中毋庸置疑拥有更多的优势。因此,提高就业率成为诸多高职院校的主要办学目标之一,就业率甚至成为高职院校办学成败的标准和生命线,影响着各高职院校的竞争、生存和发展。为此,高职院校需要通过产教融合,面向生源市场,积极开展形式多样的学历与非学历教育,提高高职院校就业率和就业质量,提高高职院校毕业生就业竞争力,提高高职院校综合竞争力。

(二) 基于劳动力市场构建供求机制

在高职教育毕业生劳动力市场中,学生所学专业、掌握技能、综合素质、就业能力等因素会影响用人单位对其需求与否。同时,用人单位的发展前景、薪资待遇、工作环境以及学生对用人单位的期望等会影响学生是否选择该用人单位。这直接构成了用工市场和人才培养市场间的供需关系,即高职院校毕业生在就业市场中寻求合适的工作岗位，劳动力市场则根据自身发展需要及供求情况，调配生产、服务等行业中的人力资源配置。此时，就业及劳动力市场的供求情况会产生一定的信号，包括价值需求信号、人才需求信号及未来可能产生的人才需求信号等。这些信号会影响准备就读的学生及其家庭对专业和院校的选择，间接推动高职院校办学的优化和调整。总而言之，供给与需求间的相互协调与平衡，会影响高职院校的招生规模和学费水平。高职院校要根据用工需求情况，借助动态人才供求机制动态调整人才培养目标、方向和规模等，提高高职院校人才培养的适应性。因此，高职院校在产教融合过程中，需要充分重视劳动力市场需求及变化情况，准确了解市场用工需求信息，以此指导高职院校的办学定位、办学规模、专业设置、教学模式及课程体系等，提高高职院校竞争力。

（三）基于市场需求预测构建供求机制

高职教育产教融合动态人才供求机制构建的目标之一是实现准确预测未来市场的需求情况，提高高职院校人才培养与市场需求的契合度。产业经济发展和更新迅速，而高职教育人才培养具有较长的周期性，这就要求高职院校对市场未来人才需求情况有较准确的预测，并以此为依据设置和调整人才培养的方向、目标、规格等，而与市场需求适应与否也决定了高职教育人才培养是否有效。因此，作为因市场需求应运而生的高职教育，如何对市场人才需求情况进行准确的分析和预测至关重要。在对地区劳动力市场进行预测分析时，需要了解一、二、三产业门类情况以及各产业在本地经济发展中的比重情况，还需分清主导产业、支柱产业、劣势产业及夕阳产业间的区别与联系。同时，要对区域主导和支柱产业未来发展趋势进行动态分析，充分考虑科技进步与市场竞争等影响因素。

第八章 产教融合对高校转型的助推路径

第一节 高校产教融合法规支持系统建立

虽然国家已经颁布《中华人民共和国职业教育法》《社会力量办学条例》及其他法律和法规，但总的来说，我国在校企合作、产教融合等方面的相关法律和法规还不够完善。国务院于1991年颁布了《关于大力发展职业技术教育的决定》，1996年颁布了《中华人民共和国职业教育法》，2010年颁布了《国家中长期教育改革和发展规划纲要（2010-2020）》等，包括职业教育产教融合的政策和法规超过15项，而针对高校产教融合方面几乎没有颁布相应的法律和法规。1999年至今，我国进入全面发展大众教育阶段，地方本科院校的办学目标逐步建立——培训服务地方经济和社会发展的技术型人才。产教融合已成为高校人才培养产教融合水平的关键环节，然而，与校企合作、产教融合配套的政策文件仍然一片空白。职业院校需要某种支持时只能参考职业教育校企合作的法律、法规和政策。通过研究现有的政策、法律和法规，可以得出：大部分属于国家政策，法律和法规规定缺少；规定性文件较多，实际可操作性措施太少；教育部门文件较多，其他政府部门和合作企业的文件较少。国外校企合作的成功经验告诉我们，一套严谨的、可操作的法律和法规，是校企合作、产教融合的基本保障。

一、产教融合法规制定的必要性

完善的法律和法规对产教融合有序发展起到了重要的监督作用，使产教融合真正做到了有法可依、违法必究。国外许多国家都有一套完备的法律监督体系，对产教融合的各个方面实施全方位的监督，其中，比较典型的国家是德国和美国。德国对校企合作、产教融合的管理主要是通过立法的形式来监督，这种法律和法规体系比较完备，结构紧密，相互协调，对监督、经费、政策落实全方位保障。德国政府及其行业组织发挥了监督、评价和指导的作用，经多年的经验验证，该法律和法规对校企合作、产教融合发挥了重要作用。

德国政府规定，联邦和地方政府有权监督企业和高等院校，同时明确相应的行业组织有监督企业和高校的权力，工商业协会成为产教融合的主管部门。行业协会有权对产教融合机构和部门进行监管，对产教融合的发展有着特殊作用。行业协会的职能是规范行业的生产和销售行为，保护其成员的生产和生活的利益。德国政府已成立了产业合作管理协会，可以控制并监督企业和高校。同时由行业协会制定统一的职业教育能力要求，为企业和高校建立了专门的管理组织，为合作顺利进行提供了保障作用。德国政府在《职业教育法》中通过立法形式限制了培训合同的地位。职业培训合同是建立产教融合的重要内容，在职业教育体系中，学生进入企业之前，需要进行职前训练，与符合一定资质要求的企业签订明确的培训合同，合同需要根据法律，详细规定培训方法、目的、内容和时机等。德国职业教育校企合作的各个方面都有一套包括立法、司法、行政以及对社会的监督在内的完整法规，使德国职业教育产教融合实现依法治教、违法必究，使产教融合健康有序地发展。

美国产教融合的法规对政府、企业、高校给予严格的监督，对产教融合制度高度重视。美国早在1962年年初，就组成了国家级合作教育管理协会，该会由教育专家和知名企业家组成。20世纪90年代，美国成立必要技能部长理事会，目的是监督学生是否掌握了在未来职业上所需的高效技能。在过去的每一次改革中，美国政府都率先启动法律程序，用法律手段来规范教育的改革与发展，大大促进了高校与企业之间的合作。每部教育法都对项目进行严格规定与管理，规定分配经费、使用经费、监督等。事务要按照一定的规则发展必须拥有强制手段，必要时处以监督和处罚。日本的《产业教育振兴法》和《职业训练法》均有违法处罚措施的规定，违法者需要被起诉。

国家想法和意愿与高等教育发展是产教融合法规的理念，时代背景和实际面临的问题是产教融合的根本。政府的客体是政策和立法，产教融合的法规强调各级政府的权力，建立一整套职业能力发展体系，从中央到地方，既有利于现有的法律和法规，又能宏观管理。经费保障是产教融合得以持续发展的重要因素，企业、高校需要源源不断的资金来得以继续合作。各级政府、高校、企业都应设立专项资金，并颁布税收优惠政策，来有效地保障校企合作、产教融合的发展。国外许多国家通过颁布一些产教融合的法规，来保障经费的来源。德国有关校企合作的法规规定职业教育所有费用均由国家给予承担，德国企业也将拥有培训过的员工作为企业生存和发展的先决条件，愿意承担在工厂培训的学生的所有费用。所以，在德国的高校和企业之间进行合作的经费是由政府和企业共同承担的。

一是企业经济保障。企业提供经济支持是校企合作的重要保证。不是所有的企业都能得到培训经费，只有培训企业和企业培训中心才有。经费多少的差异取决于不同年限的培训、不同地区的经济发展水平以及不同规模的企业。企业可以获得100%的培训补助金的先决条件是培训的职业与发展的趋势，在正常情况下，企业获得的培训补助在50%～80%。

二是政府资金保障。德国《职业教育法》明确规定国内生产总值的1.1%和工资总收入的2.5%用于职业教育，当德国在"二战"后经济困难时，政府也将保障资金用于职业教育，并由议会授权监督；《劳动促进法》规定要为专业进修提供援助，并处理学习期间的收入、待遇等问题。

产教融合法规的制定是助推国家、地方颁布产教融合政策的有力途径，企业、高校之间能否保持深度合作依赖于一国法规的要求。产教融合法规可以使产教融合的政策更加具体、明确、可行，可以使产教融合中所需的人力、资金、设施及运行得到根本的保障。目前，我国有关产教融合的法规还没有建立起来，政策扶持力度有限，不能完全适应产教融合发展的实际要求，并且由于体制的问题，产教融合、校企合作的政策也难以落实。只有当产教融合法规逐渐完备起来，对政策、体制等层面加以保障，才是产教融合得以长远发展的根本。德国通过立法的形式，规定了参与产教融合的企业的责任和义务，并颁布了相应的要求，助推了大量政策出台，对进行产教融合的企业严格控制，一些不符合产教融合规定和标准的企业是禁止招聘学徒工人的，以确保产教融合的水平和达到的高度。为了调动企业合作的热情，政府给予企业一定的优惠措施，如规定产教融合的合作费用包括生产成本、税收减免等。同时，国家拨付专款，与州政府和工商联等部门共同设立跨企业培训中心。联邦政府为产教融合各个环节提供了一个明确的、统一的制度，以促进产教融合往更高层次的方向发展。由美国、德国等国家在校企合作中的经验可知，政府在制定产教融合法律和法规时是积极的，在监督、资金、政策法律方面发挥了较好的作用。由于政府的高度重视和产教融合法规的积极支持，学校在教学、科研、管理和社会服务方面顺利开展校企合作,学生、老师、学校、政府等主体分别通过各自的方式、方法支持和参与校企合作,形成了良好的校企合作、产教融合的社会氛围。

二、推进产教融合法规制定的具体路径

近年来,虽然我国中央和地方政府积极倡导"以服务为宗旨,以就业为导向"的教育发展思路,并颁布了一系列的政策,促进产教融合的深入发展,但国家颁布的立法较少,关于普通本科高校产教融合相关工作的解决方法缺乏相应的法律规范和标准。产教融合主要利用高校和企业或科研机构和企业的不同合作方式,展示各自的优势和实力,根据资源共享、互惠互利的原则,一边培养实践型人力资源,一边发展科学技术。教学型院校采用用的"合作科教"方式,不能达到企业的要求。采用"合作科教"方式的目的是培养一批具备创新能力且高级技术的实践型人力资源。但在资源共享上没有做到互惠互利,也没有国家的宏观政策和法律保障,导致"合作科教"方式可能不会长久发展下去。我国现行的政策与国外政策不一致,我国通过减少教育税费来支持职业教育。

产教融合在德国、美国、韩国、日本等国家得到了较好的应用,各个国家的法律、法规和政策均予以支持,鼓励企业积极参与产教融合,并及时规范关于产教融合中企业和高校的权利和义务,政府在政策、财政等方面都给予大力支持。如德国政府自1950年以来,相继颁布了《企业基本法》《高等学校总纲法》《劳动促进法》《青年劳动保护法》等10余部法律和法规,规定了产教融合中高校和企业各方的责任和义务。我国政府应该加快立法工作,早日实现产教融合的法治建设。

国家和政府应该加强宏观管理和指导,鼓励行业、用人单位和高校参与产教融合政策和法规的制定,比如,制定有关鼓励行业、企业参与产教融合实践型人

力资源培养和产教融合研究促进方面的法律和法规，利用法律法规来进一步限定政府、企业和行业的权利与义务，特别是对参与产教融合的行业、企业，对其参与培养实践型人力资源的性质和地位做出具体规定，为其提供政策和法规的保障。目前，我国的不同地区、不同层次的产教融合在不断地尝试和实践，这些实践将为建立标准化的产教融合提供宝贵的经验和基础。

宁波市颁布了《宁波市校企合作促进条例》，其产教融合开展得很好，发挥了重要作用。该条例颁布的意义和范围明确了校企合作的运行规则，在市、地方政府建立了校企合作开发专项资金。该条例的颁布助推了其他省市制定产教融合法律和法规。产教融合运行较好的国家，除了制定国家级法律和法规，同时也制定省级和地方具体的法律和法规。如加拿大的阿尔伯塔省制定了《学徒制与产业培训法》，规范了学徒制和产业界，加强了培训学徒工作。各级政府应充分利用当地的优势开发一个可行的和实用的产教融合法律和法规，更适应当地经济发展的实施细则，建立可行的产教融合标准，支持和引导普通本科高校产教融合的长期机制。我国政府对普通本科高校产教融合的专门法律和法规需要尽快制定并颁布，更深地明确产教融合中高校、企业和学生的权利、义务及互相的关系，维护各方的合法权益，限制产生机会主义的可能性，努力减少产教融合的成本。及时有效的法律和法规建设将有助于产教融合的制度化建设和良性运行。

虽然我国先后制定了《中华人民共和国教育法》《中华人民共和国高等教育法》等，但法律条款和规定相对零散。我国可以建立特殊的和专门的产教融合法律和法规的实施条款，以法律的形式来规范产教融合的良性运行，明确产教融合的权利和义务、管理模式、人才培养模式和经费的使用，以及相应的奖惩机制、政府部门的责任、法律责任等。

在法律的监督下，政府应该依据区域的实际发展现状，建立健全产教融合支持系统，通过建立产教融合各级教育管理协会加强指导和协调。一个现代企业人才培养工作的特点应是建立现代企业教育制度。制定职业等级标准辐射所有就业准入制度，改变现有的就业准入制度的现状，健全就业准入制度。各级政府应该加强对产教融合法律和法规的重视程度，加强监管，使我国普通本科高校产教融合的基本政策和法律保护得以正常运行。我国科学技术的进步、推进产教融合各方的真诚合作、加速科技成果转化的重要保障，依靠正确和有效的政策、法律和法规支持。目前，产教融合立法在我国仍处于起步时期，虽然引入了许多刺激和促进产教融合的法律、法规和政策，但缺乏配套的实施细则、良性制度保障和协调监督机制。政府应该尽快制定企业参与产教融合的税收优惠、允许企业捐赠教育资金的30%~50%抵扣企业所得税等具体措施，使企业对高等教育投资的热情高涨。政府和行业需要共同制定实施细则，包括奖励、惩罚、企业承担的义务和责任；政府和行业共同制定有关政策，用以支持企业更深入地参与到产教融合中。

第二节　高校产教融合财税支持系统建立

我国产教融合发展的主要障碍是缺乏财税的支持。为了促进产教融合的顺利开展，我国各级政府除了设立专项资金，还应颁布税收减免政策、设立产教融合贷款及创新资金、建立风险投资机制等，从而促进产教融合的长久发展。目前，产教融合发展较好的国家通常选择减少直接拨款比例，增加财税、金融方面的间接资金来支持产教融合。其经济优惠政策包含资金优惠政策和税收减免政策。资金优惠政策的主要途径是建立风险投资基金、设立专项贷款制度、实行资金保障和发行股票、债券筹资等；税收减免政策主要包括减免新产品税和科学技术投资税等。除此之外，加速生产资料折旧也是许多国家制造业通常采用的刺激企业投资创新发展的办法，其实质是提供无息贷款给企业，即利用减税的方式来回收成本，同时将节省的资金用于新的投资项目。德国基本法明确规定将从国内生产总值中拿出一部分，来保障产教融合资金的周转；澳大利亚政府参与融合，对接受学徒的公司提供资金援助，扩大了资金支持渠道，使企业生产和教育更好地融合。不仅国家大力为企业筹措资金，企业也积极地提供资助。国外有些国家做出相关规定，企业要每年拿出一部分资金，然后再由政府统一发放。多渠道的资金来源使发达国家产教融合经费来源的保障能力增强。韩国的科学技术创新体系由政府、企业、高校、科研机构组成。韩国政府制定了大量的财政补贴和税收优惠政策，加快技术创新，同时为了促进技术发展，逐渐扩大科研技术渠道。比如，允许将企业利润的20%作为研发投资，并且保证在前两年，可以将此资金作为损失处理。为提高资源利用的效率和科学技术的研究和开发率，改革政府的科学研究体系，把研究所从政府部门分离开来。为了加速工业技术创新的步伐，研究所逐步私有化，政府支持的项目资金逐渐减少。政府鼓励一些实力较强的企业建立自己的研究机构，对应税款可以给予适当减免。

一、建立多渠道经费保障机制

为了促进普通本科院校生产、教学一体化，我国各级政府、大学、企业应当建立产教融合教育专项资金，促进有效的整合发展。首先，明确各级政府的责任和投资的比例，逐渐从设立的产教融合专项资金中支出。其次，建立一个稳定的金融投资增长机制，根据职业院校教学的实际需要增加财政投资比例，以确定发展目标与职业院校及其财政支出的一致性。各级政府也可以建立产教融合政府教育奖励基金,鼓励多层次合作,奖励有突出表现的企业、教育单位和个人。目前,浙江、重庆和其他地方,已由政府建立产教融合教育专项资金,支持和奖励实施产教融合较好的优秀用人单位和高校,保障了参与者的利益,并取得了令人瞩目的成绩。设立产教融合专项资金,是当今许多发达国家支持高校、企业互相合作的重要途径。美国、英国、德国、澳大利亚等其他发达国家都把设立产教融合的专项资金作为长久发展的标志,并把其相关规定写到法律和法规中。如美国国会通过的《高等教育法》规定,拿出一部分资金来支持、鼓励产教融合的发展,将有关产教融合的教育资金作为单独的事务,重点管理;英国政府拨出125亿英镑,促进项目的发展,这一举动受到一致欢迎。在有限的政府开支条件下,我们的大学应积极倡导设立专项资金来支持产教融合的开展,用于建设人才培养基地,支持高校和企业共同研发课程,支持教师参与产教融合实践的项目。高校对资金进行筹备有以下几种途径:

第一,高校和地方政府之间开展合作项目,建立产教融合的生产和教育创新基金,向参与项目生产和教育的高校教师和学生提供援助,包括实践基地基础设施支出、课题经费等;高校可以签合同,对象是企业和政府部门,从而获得横向课题研究经费。

第二,高校还可以吸收社会力量,获得各种私人、企业、团体的捐赠,如校友基金会,促进政府和社会力量的结合,形成一个强大的教育保护机制。

资金是一个企业生产得以正常运行的关键因素,我国政府应鼓励企业建立产教融合专项资金,进而促进产教融合深层次的发展。企业设立特别基金的方式有:

一是对与企业合作的高校提供励志奖学金、产教融合专项基金;

二是对到企业进行实践培训的教师和学生提供相应的薪酬;

三是企业要按规定时间交付一定的资金，该资金用于企业培训，由政府统一发放。

根据专业培训的时间、地区和规模的差异，一个企业可以取得的资金也有所区别。良好的环境，是鼓励、引导企业大量投资、产教融合可持续发展的重要条件。国家有关部门应该成立一个产教融合专项贷款，专注于培养具有社会主义市场经济产业化发展前景的创新集成的项目。对那些周期较长、资金需求较大、企业扶持困难的高科技项目，提供必要的配套资金，还要建立相应的审查和监管机制。产教融合创新资金是用来促进重点扶持初创业阶段的中小企业与高校进行合作的。对于创业初期的中小企业来说，融资是非常困难的，创新资金的设立是被广泛需要的。产教融合创新资金是企业能够前进的动力，奠定了与高校合作的基础。中小企业专项资金主要采取财政拨款的方法，50%～60%是由中央财政支持的项目，其余部分由地方政府和企业提供。另一个重点是专项资金支持大型企业与高校开展合作。这主要针对大型企业，虽然有一定的创新资源和能力，但往往缺乏合作创新的动力来支撑。大型企业的专项资金，可以通过免息或补贴贷款，加快高校与企业更高层次的合作。

风险投资对互联网科技产业的发展具有十分重要的作用。风险投资主要依靠政府的财政支持对一些中小企业进行项目上的支持。我国政府对风险投资还缺乏一定的认识，支持产教融合风险投资方式几乎没有涉猎，所以，我国应大力开展风险投资的业务，避免给参与主体造成不必要的损失。各级财政每年应拨出一部分专项资金作为产教融合科技风险基金和贴息资金，来保障企业的发展，风险储备基金允许从风险投资机构的投资总额中提取、使用。美国政府为了鼓励产教融合的产业投资，大力促进私人风险投资的发展，从实践的角度来看，为正式组织和运行风险投资，借助优惠政策的方式来为风险资本投资提供法律保障，在短短

10年里，就将风险企业的所得税率从49%降至20%。具体做法是：风险投资额的60%免除征税，其余的40%缴纳50%的所得税。该措施的实施，使风险投资在20世纪80年代初，以每年46%的速度增长，由于风险投资的参与，促进产教融合科研成果转化的周期从原来的20年缩短到10年，进而激发了美国风险投资的高速和高质量发展，促进了美国经济的高速和高质量发展。我国应加快建立产教融合风险投资360评估系统，并建立一个可操作的、科学的、有效率的评价程序，最后能够在某种层面上识别和控制风险。

二、构建全方位财税政策支持体系

产教融合的迅速发展，使财税政策支持体系的建立迫在眉睫。体系的内容具体如下：

第一，积极引导企业主动参与产教融合，政府需要建立一个全方位的财税政策支持体系。鼓励行业组织、企业建立高校的培训基地，参与企业实施减免土地税，本科院校办学经费税收也可减免，还可以进行部分救济，政府对参与产教融合发展的大、中、小企业都给予一定的财政补贴和支持。因产教融合扩大的土地面积，企业享受税收优惠政策；学生在实习过程中因报酬出现的生产成本，享受职业教育税费抵扣待遇。

第二，高校教育基金应按职工收入的1.5%~2.5%提取，在政府统一管理和分配后，纳入产教融合专项基金中，剩下的资金直接退还到高校。

第三，政府应该对企业税收政策进行顶层设计、宏观管理，弥补企业参与生产和教育的支出成本。

政府需要在企业的增值税、所得税和教育的附加费以及营业税等方面给企业一定的税收优惠政策，把企业的积极性调动起来，让更多企业参与到产教融合中，培养出更多拥有高素质的技能型人才。许多发达国家通过税收优惠，来促进政府和中小企业、高校建立合作关系，使企业、高校之间产生相互依赖和信任。如英国政府对每年投资超过 50 000 镑、年营业额不到 2 500 万镑的中小企业，享受减免 15% 的税收优惠待遇；与高等院校合作没有盈利的中小企业，可以提前申请税收抵免，相当于 24% 的研发资金重新返回到企业手中。

企业可以通过安排学生到企业参加实践、培养学生的实际操作能力，来得到教育税收减免，当然这是在企业与高校签订计划的前提下。许多发达国家均制定了相似的税收调剂政策，即规定各个企业使用应缴增值税额的 0.5% ~ 2% 来帮助高校培养学生的实践动手能力，这是企业为国家、社会培养人才的责任和义务。假设企业不能履行这个责任，其应缴增值税额的 0.5% ~ 2% 不但需要补交上去，而且还要接受一定的处罚。德国政府为了调动企业积极参与到产教融合中，也给予企业一定的税收优惠政策。企业在培训学生时，必然产生基本的生产成本，对于这部分的教育费用和成本费用，税收全部减免。加拿大政府也通过退税政策鼓励用人单位与高校密切合作，以确保产教融合顺利进行。我国应尽快建立一个全方位的财税政策支持体系，鼓励企业与高校深层次的合作，减少产教融合各方的直接成本支出，为产教融合的顺利达成和正常运行提供基本的保障。

第三节 高校产教融合组织支持系统建立

《国家中长期教育改革和发展规划纲要（2010—2020 年）》指出，"建立健全政府主导、行业指导、企业参与的办学机制，制定促进校企合作办学法规，推进校企合作制度化"。高校、企业之间的发展当然也需要制度化及规范化。近几年，高校与企业间的互动掀起了高等教育发展走向另一个阶段的狂潮，受到社会各方的关注。但由于目前产教融合体制不完善，缺乏有力措施来规划、布局，所以产教融合的效能还未发挥。只有通过建立产教融合组织运行管理机构、健全产教融合制度保障，才能解决政策制度不到位等实际问题。

一、建立产教融合组织运行管理机构

在企业与高校的合作过程中，会涉及许多职能部门，这些部门中出现利益争夺时，必须建立一个专门的产教融合协调机构，让其来解决各部门出现的难题、协调产教融合中出现的各种矛盾，从而保障政府、企业、高校的正常运行。

产教融合协调机构的主要功能如下：

（1）协调企业、高等院校等多个主体之间的利益，在资本投资、合作方式和产教融合创新的渠道上，提供具体的细节管理和协调，监督生产和实施项目。

（2）联合政府部门、高等院校，大力开展产教融合创新的相关理论研究和政策分析，制定实用和有效的政策措施，促进产教融合的顺利开展。

国外产教融合发展好的国家都成立了专门的产教融合协调机构，用来管理和沟通学校、企业和行业之间的工作。例如，德国的产业合作管理协会，监控和监管企业与高校的所有事务；韩国的产学合作科，全面掌控合作中的所有问题；美国早在20世纪60年代时就建立了美国合作教育协会，用来负责各主体之间的关系。

通过以上这些成功的案例可以知道，深入开展产教融合的关键是由教育、财政、行业等部门统一联合建立产教融合决策与执行管理协会，共同为高校产教融合搭建平台，负责统一调度的工作；积极沟通政府、高校、企业之间的相关信息，负责高校、企业双方的沟通；寻找更多企业与高校合作；对产教融合的过程进行监察，必要时实施奖惩。

产教融合教育决策管理协会和产教融合教育执行管理协会的构成及其任务如下：

第一，产教融合教育决策管理协会由政府牵头，构成部门分别是教育、财政、发展等部门，推进产教融合工作协调指导小组的作用，加强部门之间的统筹协调，形成政策合力，尽快发布促进产教融合的指导意见。产教融合教育决策管理协会是做决定的组织，其任务是研究高校产教融合发展形势，规划高校发展目标和内容，协调各主体间的利益关系，制定并落实政策，检查和推进教育工程的发展。在允许的情况下，企业、高校和第三方服务机构代表也可成为产教融合教育决策管理协会的成员。

第二，产教融合教育执行管理协会可由政府相关职能部门的成员和第三方服务组织构成。该管理协会是将产教融合教育决策管理协会的相关计划、目标、任务给予落实并实施，与各大高校、企业经理、行业经理和第三方中介组织的经理通过开会讨论、洽谈等形式确定可实施的项目、伙伴以及实现双赢的途径。

产教融合的有效发展是建立在组织保障的基础之上的，然而，在实际调查过程中发现，大多数职业院校目前还没有专门负责产教融合的协调机构，多数是代管，其产教融合行为很多处于自由、散漫的无组织、无人管理的混乱状态中。正是基于此，高校应逐渐建立专门的产教融合协调机构。由学校设计规划，组建集"行、企、校"于一体的产教融合协调机构，以此为平台，促进"行、企、校"合作主体间紧密衔接、深度合作。按照严格的标准和要求，可建立以下管理协会：

第一，教育规划和专业设置管理协会。其责任是把握行业的发展动态和国内外高校教育发展前景，从宏观方面指导高校的总体发展方向；提供行业标准、岗位能力目标，对主要课程设置、课程发展、教师队伍建设等进行研究；全面了解高校、企业目前面临的问题。

第二，师资协调管理协会。在企业、学校协调的前提下，建立校企人事工作轮换制度、互相聘用制度等；建构"请进来，走出去"的教员互动机制，形成一个稳定、共享、产教融合的数据库。

第三，项目管理协会。管理所有事务中的合作项目，主要包括：一是项目的过程管理，包括发起、计划、规范安排。二是项目的资源管理：其一，人力资源管理，包括合作对象的人数、责任、事务、管理费等；其二，资金管理，包括成本分布、年度利润分享、合作的预算和结算等；其三，材料设备资源管理，包括常用的合作办公设备、教学设备、培训设备的合理使用和适当的管理。

大多数企业设立组织机构是为了企业的经营，产教融合协调机构在企业中设立比较罕见，正因为如此，从某种意义上来说，其妨碍了高校与企业之间的联系和发展。企业应设立专门的产教融合组织管理机构，按照规章制度来承担其应尽的义务和责任，鼓励高校学生与教师到企业进行学习和进修，为各大高校提供训练场地、基本设施、规定特定人员，做好安全讲解；利用好高校的优秀人才资源，与高校进行产品研发与攻关，为企业未来发展打下坚实的基础；将企业的需求融入产教融合发展过程中，通过制定目标、联手培养优秀人才并提供基础设备支持等途径，与高校联手，共同培养满足经济发展的必要人才。产教融合协调机构不仅能为企业节省人员招聘费用、缩短职工工作时间、降低职工流失的风险，同时，为企业带来了巨大的利益诉求。

二、健全产教融合制度保障

政府应该建立专门的产教融合监督检查机构，让相关部门对产教融合项目及其实施情况进行监管和评估。同时，监督检查机构应努力构建顺畅、监管有力的产教融合监督检查工作体系以及长久的监管工作机制，加快监督检查工作的制度化。除此之外，监督检查机构还应不断完善监督检查方式、方法，将有力的监督检查工作落实到产教融合的各个环节中，以助推产教融合监督检查工作的科学化。政府还应建立产教融合的评估体系，制定科学的评价标准，建立严格的评估过程，对产教融合进行全方位、多层次的评估。评估内容不仅是监督产教融合是否符合国家的法律法规，是否对当地区域经济产生影响，还要评估高校所在的政府在产教融合中发挥的作用如何。以评估系统为基础，逐步建立激励机制，鼓励企业积极参与，激发他们的热情，对取得良好成果的企业施以多方面（如人才培养、技术研发创新、企业综合实力评价等）的奖励。

目前，大多数高校向企业寻求合作仅仅是为了生存和发展，能够随着市场的发展趋势谋一席之地。企业、高校、行业间需要拓宽渠道，进行形式多样的、全方位的深度合作，逐步推进产教融合的深层次发展，积极研讨有效的产教融合模式，如技术研发、岗位承包等，从而稳定长期持续的关系，促进产教融合在人才培养中发挥最大的功能。传统产教融合存在一定的弊端，我国政府及"行、企、校"应敢于创新、转变已有观念，研究更多适合我国国情和社会发展的、有效的、多层次的高校产教融合模式，对企业的合法权益加以保护，鼓励企业积极介入，调动其参与热情。产教融合的创新机制需要企业、高校、政府、行业多方面一起完成。政府应该做好规划、统筹角色，全面创造一个良好的创新氛围，创造平等合作、多方共赢、全面提升的氛围，来保障高校产教融合有序地发展。

政府必须做好各部门之间的宏观管理，协调并沟通好各职能部门之间的利益关系，政府的支持和鼓励是高校产教融合发展的重要保障。政府是产教融合过程中最直接的宏观管理者与决策者，应将各部门的任务、行动统一规划，积极开展产教融合,制定相应的法律和法规、制度,为产教融合提供良好的环境及资金支持;确定各主体在产教融合中的权利及义务,规范产教融合行为,为高校产教融合的长远发展提供基础。促进政府宏观管理应从以下几个方面实施:

第一,完善政策、法律和法规体系。高校产教融合发展需要有政策、法律和法规及资金的支撑,只有具备完善的产教融合支持系统、多元化的产教融合模式,其才能持续、健康地发展。

第二,采取各种措施,指引产教融合各主体开展联合创新。采取各种手段和措施,积极开展产教融合,各主体通过创新联盟、产学研相结合等各种形式开展联合创新,将产教融合创新与市场创新、技术创新等有机结合,从而有效提高产教融合创新的总体水准。

第三,完善高校内部调控机制,加强改革,扩大高等教育的自主权。高校可以根据需要调整组织管理体系、专业设置,并决定办学模式和管理体系,以实现产教融合的自我调节。高校建立和完善弹性学制,显现学习的时间尺度、学习过程的实用性以及学习内容和学习方式的选择性。高校要加强自我内部改革,努力建立教师愿意开展科技服务和技术服务的气氛,使其愿意为企业和社会带来新的服务技术。在新形势下,应该有效整合生产活动和教育教学的资源,实现校企合作、产教融合的有利发展。高校应以互利共赢为基础,建立产教融合长久的发展制度和方式,充分发挥高校的专业技术长处、教育教学的资源长处等,结合企业、行业的需求,积极提供支持和保障,包括人才、科技、教育培训等。根据高校与企业的现实状况,开展多种方式的合作,努力探索建立一个稳定的、长期的人才培养模式,培养满足社会和企业需求的人才。

第四,完善企业内部调控机制,加强现代企业治理机制,明确责任关系,通过规章制度来规范产教融合合作活动,形成长久的发展制度。企业应当建立产教融合的内在需求机制,提高对产教融合的认识,因为产教融合对国家、社会发展的意义重大。企业应积极主动地参与产教融合活动,采取有效措施来推进产教融合快速地发展。

第五,建立风险预警体系。因为缺乏制度约束与保障,企业会承担风险与压力,合作的风险性贯穿于产教融合的全过程,然而,高校自身并不具备实力把资金转化为产品。正因为如此,企业对大多数成果的转化不想承担过多风险,只想承担少部分风险。企业希望国家通过有关政策规定或介入风险投资机构、金融投资机构的方式,与企业共同承担风险。所以学校和企业应在政府、行业的指导下建立风险预警体系,从而最大限度地减少产教融合的风险损失,以提升产教融合发展的效益。产教融合中的参与主体——企业、高校都可以在不给对方造成巨大损失的前提下,退出合作。

第四节 高校产教融合综合评价支持系统建立

建立完善的高校产教融合360评估系统是双方深度合作的要求,该系统主要对产教融合的合作项目、合作形式、合作效果等进行评价。在产教融合过程中,高校经常出现争夺政府资助或优惠政策项目的情况,浪费国家资源。为此,政府必须建立一套科学化、标准化的支持职业院校产教融合的项目管理体系,制定科学的生产合作体系,制定评价标准,使评价工作具有科学性、制度性、规范性、标准性,并逐步完善产教融合合作项目、工程监理、开支审查、过程监督和验收审查,并且一定要积极严格地执行。

一、产教融合360评估系统的设计原则

产教融合不仅直接反映高校培养应用人才的产教融合的水平，同样，也可以反映用人的标准和企业的规范性，还可以反映企业的生产能力和技术含量。及时访问结果，收集反馈信息，将有助于促进校企深度合作的发展，促进高校之间的合作互补，使高校与企业间得以合作、相助。职业院校应在国家的指导下，与行业协会、合作企业共同建立一个360评估系统，在合作效果评价的基础上，得出经验，寻找差别，确定更有效的训练计划。职业院校在科学性和系统性评价的基础之上，还应遵循以下原则：

第一，操作性原则。产教融合的评价是一个直观的感觉，必须简洁，容易实施。最重要的是让评价者把产教融合中的优点和缺点用最简洁的词语描述出来，使评价指标体系更加具有科学性和精准性。可操作性的评价包括两个方面：一是指标的建立应清晰、易懂、简化适中，以便于数据的采集，数据的计算应该遵循标准化流程。二是评价体系和指标计算的相应方法应该简单、科学、便于操作，为了确保评估结果的准确性、可信性，使用科学的方法。

第二，全面性原则。事物总是互相联系的，从某一角度片面地处理问题只能看到现象，不能揭露其本质。对产教融合的评价应从组织、管理、培养条件、教学过程和培训效果等角度进行。

第三，目标性原则。因为参加评估的人身份未知，就会有一个不确定的视角、不确定的评估方式，这就导致可能有领导评估、同行评估、学生评估等许多评估模型。

第四，指导性原则。产教融合可以反映现有评价体系，要用高校与企业合作的精神来指导课程的理论学习和实践学习。

二、产教融合 360 评估系统的构建

从高校方面考虑，在投入方面，主要考虑的因素有：高校投入科技人员，主要考查高校投入产教融合科技人员占高校科技人员的比重；投入实验仪器，主要考查高校投入产教融合的实验仪器占高校实验仪器的比重；为企业引入科研成果，主要考查高校提供给企业的科研成果数量占高校科研成果的比重；在合作运行过程中，考虑师资队伍，主要考查应用技术型本科高校兼职教师的比例以及具备现场工作能力与技术开发双师型教师的比例；合作课程设置，主要考查实践课程占总学时的比例、工学结合方式授课的课程占总数的比例；协调组织，主要考查是否设立企业专家工作室、专家建设指导管理协会，以及其成员校外企业或行业协会所占的比例；育人资源共享，主要考查育人资源共享程度；在合作效益方面，主要考虑毕业生的就业能力；毕业生就业能力，主要考查毕业生就业率、对口率、起薪水平；合作发表论文，主要考查合作发表的论文数量；合作发表专著，主要考查合作出版的专著数量。

从企业方面考虑，在签订技术转让合同方面，主要考查合作签订技术转让合同的数量；投入资金，主要考查企业投入的资金量；投入设备，主要考查企业投入的设备量；建设就业前实践的专门基地，主要考查企业建立就业前实践的专门基地能否满足要求；投入研发人员，主要考查企业投入研发人员占企业研发总人员的比重；合作中技术开发与应用，主要考查合作中技术开发与应用的程度；教学设施利用，主要考查教学设施的利用率；合作项目，主要考查合作项目的数量；协调组织，主要考查高校专家工作室；合作中知识产权，主要考查合作中知识产权的授权数；对区域经济发展的贡献，主要考查毕业生占当年区域新增人力资源

的比例；合作中产生的利润，主要考查合作中产生的利润值；合作产生高技术产品，主要考查合作产生高技术产品的数量；为企业培养专业技术人员，主要考查为企业培养专业技术人员的数量。

在产教融合360评估系统总体设计上，拟对参与主体进行分类，从高校、企业两个主体方面进行综合评价。高校评价、企业评价作为总体评价指标体系的2个一级指标，然后将2个一级指标分解为6个二级指标，在此基础上，将6个二级指标分解为25个三级指标。对这些指标进行选取和设计时，既要考虑合作的两个主体——高校、企业，也要考虑合作的三个方面——投入、过程、效益，使评价指标体系能较好地反映产教融合运行的实效性，以便于后续研究者参考。根据产教融合综合评价指标体系设计原则，初步设计出产教融合综合评价指标体系，高校是产教融合中培养实践型人力资源的主体，在产教融合的过程中具有举足轻重的地位和作用，所以将高校的权重设为0.5。从高校角度构建评价指标，主要为"高校投入""合作过程""合作效益"3个二级指标和10个三级指标。企业是产教融合中培养实践型人力资源的主要合作对象，也是决定实践型人力资源培养的关键合作对象和输出对象，所以将企业的权重设为0.5。从企业角度构建评价指标，主要为"企业投入""合作过程""合作效益"3个二级指标和15个三级指标。

高校产教融合是适应社会的发展需求、是教育教学资源与社会目标协调发展的必经之路。在本研究中，笔者通过对产教融合法律和法规保障、经费保障、组织保障及360评估系统的研究，认为产教融合要想从根本上得到发展，政府必须解决以上四大层面的问题：建立一套适应产教融合发展的规范的、成熟的法律和法规政策，来明确参与主体的权利、义务，监督、约束各参与主体的行为；拓宽产教融合经费的筹措渠道，加大企业税收优惠政策，完善产教融合风险投资机制，使高校、企业能积极参与到合作中；建立完善的产教融合组织运行管理机构、产教融合制度保障来规划和完善现有的体制，充分发挥他们的效能，解决实际问题；建立合理的产教融合360评估系统，对合作中涉及的资金、项目、组织结构、合作效果等进行评价，建立一套科学性、权威性、标准性的支持高校产教融合发展的管理体系。

从国家层面上，对高校产教融合支持系统进行研究和设计在国内尚属首例。研究至此，深切地感悟到中国高校产教融合是一个庞大而复杂的问题，要从宏观层面把握高校产教融合支持系统，还需要更多的实践和理论研究。研究提出了一些原创性的观点，但由于可借鉴、参考的相关文献有限，在学理层面上不够深入，在方法层面上不够成熟，在应用层面上不够具体，留下了一些今后需要改进的内容。例如，一是调查的范围不广。调查对象是当地的几所高校，没有选取更多的高校，结果没有说服力，不能作为推广的代表。二是调查的对象不够全面。由于负责产教融合的相关责任人事务繁多，在跟企业互相联系时，因各种公务延误，参加调查的寥寥无几，得到的数据有片面性。三是访谈提纲不够成熟。受笔者的理论水平和研究水平的局限，有些问题思考不够完整、成熟，不具有科学性。除此之外，在访谈过程中，因为经验较少，笔者会被访谈者带动，有些问题不能得到及时反馈和解答。

综上所述，本研究仅对高校产教融合支持系统这个具有重大理论意义和实践意义的研究命题进行了初步的研究，今后，还将继续研究并完善。

参考文献

[1] 柏芳燕. 构建产教融合生态圈的研究与实践[M]. 北京：中国原子能出版社，2020.

[2] 陈绪兵. 机电创新与产教融合新思考[M]. 北京：中国铁道出版社，2021.

[3] 黄佳. 产教融合一体化育人策略与实践[M]. 北京：中国原子能出版社，2021.

[4] 黄艳. 产教融合的研究与实践[M]. 北京：北京理工大学出版社，2019.

[5] 蒋新革，等. 新时代高职产教融合路径研究[M]. 广州：中山大学出版社，2021.

[6] 祝木伟，毛帅，赵琛. 产教融合型实训基地建设与评价研究[M]. 徐州：中国矿业大学出版社，2020.

[7] 李华，李辉. 深化产教融合对策及案例研究[M]. 秦皇岛：燕山大学出版社，2022.

[8] 李家祥，等. 云南职业教育产教融合、校企合作的理论与实践[M]. 昆明：云南大学出版社，2022.

[9] 卢鸿鸣. 产教融合的长沙模式[M]. 长沙：湖南科学技术出版社，2020.

[10] 栾黎荔. 产教融合色彩设计实践措施研究[M]. 武汉：华中科技大学出版社，2020.

[11] 罗惜静. 高职院校产教融合发展与创新管理研究 [M]. 北京：中国纺织出版社，2019.

[12] 马洪奎. 搭建产教融合平台 深化新时代应用型传媒人才培养改革 [M]. 重庆：重庆大学出版社，2021.

[13] 秦凤梅. 职业教育产教融合质量评价探索 [M]. 重庆：重庆大学出版社，2021.

[14] 唐新贵，唐连生. 基于互联网生态助推产教融合发展——宁波工程学院经管案例精选 [M]. 北京：中国财富出版社，2019.

[15] 田春华. 大数据与"智能＋产教"融合丛书 工业大数据分析算法实战 [M]. 北京：机械工业出版社，2022.

[16] 王云雷. 产教融合——中国职业教育发展的关键路径 [M]. 北京：团结出版社，2020.

[17] 徐兰. 工业 4.0 背景下职业教育人才培养模式创新研究——基于产教融合理念 [M]. 长春：东北师范大学出版社，2022.

[18] 许士密. 行业学院模式下地方高校产教融合专业群建设研究 [M]. 青岛：中国海洋大学出版社，2019.